To José Ángel Domínguez

Unus, Duo, Tres: Latine loquamur per scaenas et imagines.
One, Two, Three: Visual and Sequential Spoken Latin
by Christophe Rico

Illustrations by Pau Morales and Denis Coutier
Design and Layout by Kevin Ang and Sergio Marín

ISBN: 978-965-7698-13-6

press@polisjerusalem.org
www.polisjerusalem.org
8 HaAyin Het St, 9511208 Jerusalem, Israel

Polis Institute Press is a subsidiary of Polis – The Jerusalem Institute of
Languages and Humanities.

Christophe Rico

Unus, Duo, Tres

Latine loquamur per scaenas et imagines

———

Volumen primum
a Fabricio Butlen emendatum

Unus, Duo, Tres: Latine loquamur per scaenas et imagines.
One, Two, Three: Visual and Sequential Spoken Latin
by Christophe Rico

Illustrations by Pau Morales and Denis Coutier
Design and Layout by Kevin Ang and Sergio Marín

ISBN: 978-965-7698-13-6

press@polisjerusalem.org
www.polisjerusalem.org
8 HaAyin Het St, 9511208 Jerusalem, Israel

Polis Institute Press is a subsidiary of Polis – The Jerusalem Institute of
Languages and Humanities.

Index
TABLE OF CONTENTS

4 — Dē agente et obiectō ac dē plurālī 117
AGENT, OBJECT, AND PLURALITY

5 — Actiōnēs frequentēs et actiōnēs praeteritae 161
FREQUENT ACTIONS, PAST ACTIONS

6 Dē commerciō et cōgitātiōnibus   199
INTERACTIONS AND THOUGHTS

Gratiae agendae

ACKNOWLEDGEMENTS

This book has been many years in the making. Teachers, students, illustrators, and designers have been deeply involved in its production. The main tasks of designing the book and making its layout were carried out by Kevin Ang and Sergio Marín. The illustrations were made by Pau Morales and Denis Coutier. The Latin text was edited by Fabrice Butlen.

Many other people helped in different ways. I would here like to thank Teresa Lopez de Tejada and Julie Ethioux for their suggestions related to the contents of the book, Jonathan Fix and Reed Miller for revising the English text, Joseph Ahmad and Zachary Thomas for their contribution to the design, Lloyd Schroeder for the initial layout of chapters 6 and 7, and Jorge Barroso for his patient work in making the final touches to the design.

Jerusalem, April 2022

Intrōductiō

INTRODUCTION

How can one's first steps in Latin become easier? How could one learn that language without hurdles? Is it possible to find enjoyment in learning an ancient language? This book attempts to address these questions. It is the result of many long years of research, reflection, workshops, classes, and dialogues with students, language teachers, illustrators, and designers.

The basic concept underlying this book draws inspiration from three different sources: it focuses on orality that we may discover in the Greco-Latin Hermeneumata of Antiquity, the stress on visuality which characterizes the Orbis pictus of Comenius (1657), and the logic of sequentiality envisioned by François Gouin in L'art d'enseigner et d'étudier les langues (1880). Let us consider each of these elements one by one.

The Hermeneumata

The *Hermeneumata* are probably the most ancient method for language acquisition that has been passed down to us. They were composed as a series of short dialogues and accounts of events to teach the Greek language to Roman boys in elementary school with the *grammaticus*, either during the first centuries of the Roman Empire or even in Republican Rome. Later on, especially from the third century AD onwards, they were used to teach Latin to adult Greek speakers wishing to serve in the army, travel to the West, or practice law[1]. Most of these dialogues and accounts follow the story of a day in the life of a pupil (waking up, school, work, social life, lunch, homework, bathing, dinner, and going to bed).

What strikes the language specialist of education history is the freshness and simplicity of these texts, which are completely centered on daily life. *Lingua ex auditu*: ancient language teachers knew that language came from hearing and that commands, dialogues, and short tales are the simplest forms of language production. These easy forms of using speech are indeed the foundation of more elaborate linguistic skills (producing longer story-telling and speeches, creating lyric and poetic expression, reading literature, etc.).

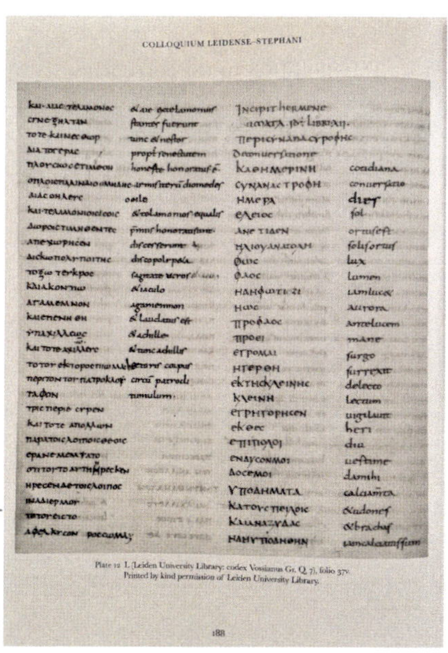

Polis Institute library

Therefore, within *Unus, Duo, Tres*, which is meant to be a companion to your first steps in Latin, you will mainly find commands, short dialogues, and simple narrative sequences.

---

[1] See Eleanor Dickey, *The colloquia of the Hermeneumata Pseudodositheana*, Volume I, "Cambridge Classical Texts and Commentaries" 49, Cambridge University Press, 2012; Volume II, "Cambridge Classical Texts and Commentaries" 53, Cambridge University Press, 2015.

The Orbis pictus

Let us consider now the *Orbis pictus* of Comenius. That book is the result of a long process which is worth summarizing. In 1611, the Irish Jesuit William Bathe published in Salamanca a method to learn Latin, the *Janua linguarum*, which is, to the best of my knowledge, the first language method composed in modern times. The book offered some 1,400 aphorisms, made out of the most frequent words in Latin and classified by random themes (virtues, human actions, animals, artificial objects, etc.). Each Latin page was translated into Spanish, and the book concluded with a Latin and Spanish index of the words. Although revolutionary for its epoch, access to Latin was made difficult for beginners as the method started with rather complex sentences and was by no means progressive.

Despite its limitations, this book exerted a strong influence upon a Czech minister (later on, bishop) of the Moravian Church, John Amos Comenius (Moravia, 1592- Amsterdam, 1670). Comenius had been the rector of a school in Prerov, Moravia (c. 1616) and was leading the gymnasium of Leszno, Poland (since 1631). Later on, he would teach in Sarospatak, Transylvania (1650-1654) and help different governments organize the school system of their respective countries (Sweden, 1638 and 1642; England, 1641; Transylvania, 1650).

Inspired by Bathe's book, in 1631 Comenius published in Leszno (Poland) a user-friendly text with an almost identical title,

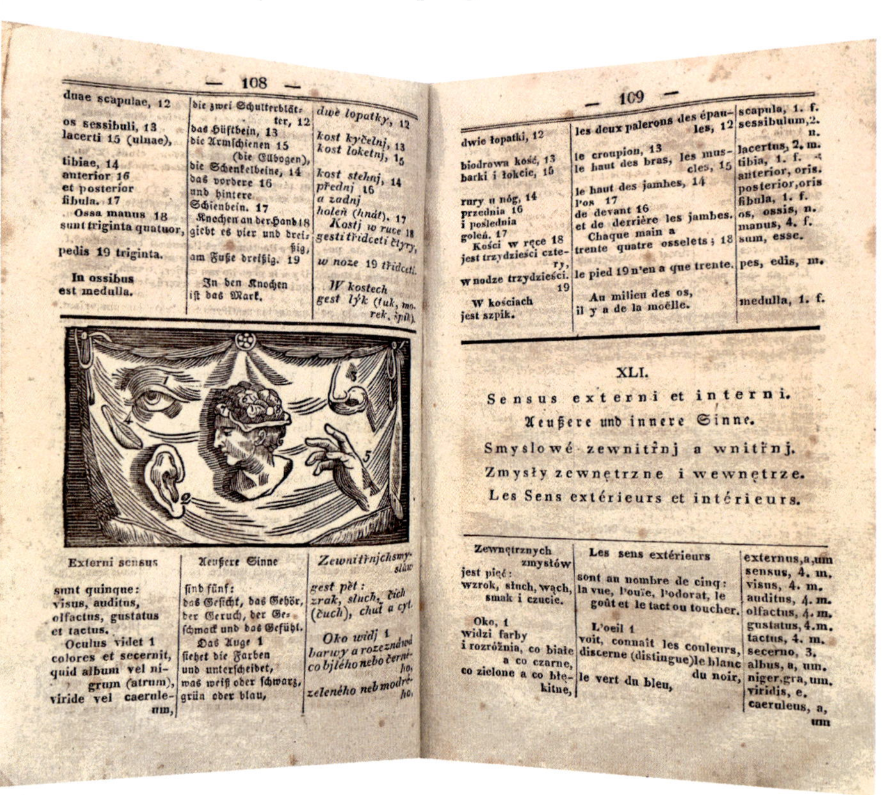

Polis Institute library

Janua linguarum reserata. Comenius' book contained some 8,000 different words set in 1,000 sentences. The work was divided into about 100 chapters which amounted to a systematic description of the world, going from natural history to trades, household, city, church, state, school, and ethics. The book included a Latin word index. This work followed the intuition that language cannot be taught without relation to things, a narrow connection existing between speech and knowledge. The first edition of the *Janua linguarum reserata* displayed only a Latin text. In the very same year, a bilingual edition (Latin-English) was published in London. Soon, many other translations followed. Until the publication of the *Orbis pictus*, it became the most widespread book in Europe of its time, except for the Bible. Sensing that his *Janua linguarum* reserata was not quite engaging for a 6 or 7 year-old child, Comenius produced a simplified version of this book under the title *Vestibulum* (1632)[1]. A more expanded version

---

[1] We have unfortunately lost all copies of the first (1632) and second (1633) editions of the Vestibulum but we know for sure that the edition of this work, which was issued in Leipzig in 1636, included a German translation.

of the *Janua*, the *Atrium linguae Latinae*, appeared in Leszno in 1633.

These three books were intended by Comenius to be used for different grades of an academic curriculum. As a matter of fact, in May 1650, at Sarospatak, Transylvania, Comenius drew up a sketch of a school with seven grade levels, which he published a year later under the title *Plan of a Pansophic School*. According to this plan, the *Vestibulum* was intended for use by the lowest level, the *Janua* for the second, and the *Atrium* for the third. In subsequent levels, pupils would learn philosophy, logic, economy, and theology.

Finally, in 1657[2], in Nuremberg, wishing to make the *Vestibulum* even more accessible to young pupils, Comenius issued the *Orbis pictus*, probably the most renowned and most widely circulated of school textbooks in the 17th and the 18th centuries. It was also the first successful application of illustrations for the work of teaching. Published first in Latin and German and later republished in many European languages, this revolutionary book quickly spread around Europe and became the defining children's textbook for centuries.

The Orbis was an illustrated condensation of the *Vestibulum*. It contained 151 chapters, each displaying its own woodcut plate and a bilingual or, in some editions, a multilingual description of the plate (Latin and other vernacular languages). This language method combined encyclopedism and visual imagery and associated sentences to images. Contrary to many visual dictionaries of our time, the Orbis was certainly not a simple nomenclature, as words were inserted in a text. Comenius was aware that learning isolated words did not amount to learning a language, as the latter activity entailed associating full sentences to mental images or experiences.

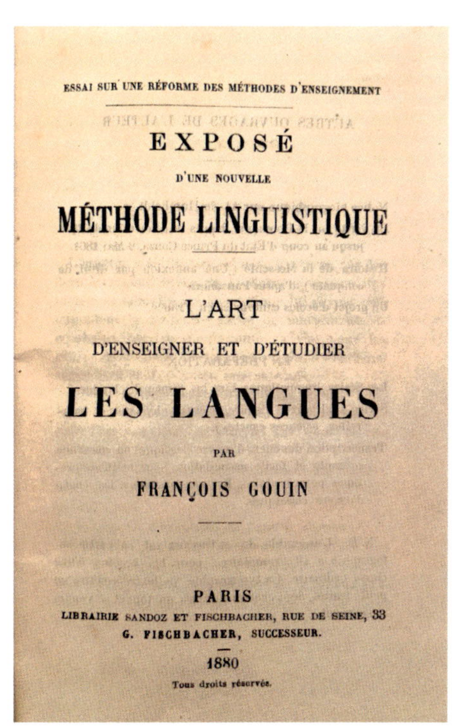

Polis Institute library

Following this model, *Unus, Duo, Tres* intends to display sentences, which might comprise only one word as in the case of commands but are always inserted within a linguistic and visual context.

L'art d'enseigner et d'étudier les langues

Let us examine now our third source: the seminal book entitled *L'art d'enseigner et d'étudier les langues* (1880) by François Gouin (1831-1896), soon translated into English (*The Art of Teaching and Studying Languages*, 1892). The intellectual activity of this language professor developed within the framework of the *Reform Movement*. This led to a new methodology to teach modern languages: the *Direct method* based on inductively acquired grammar and full immersion within the language from the first hour.

François Gouin was born in Normandy. While he was taking classes of philosophy at the University of Caen, his teacher advised him to go to Germany in order to learn philosophy at the University of Berlin. In pages full of humor, at the beginning of his book, Gouin describes his experience of learning

---

[2] For the exact date of Orbis' first edition, we follow Will Seymour Monroe, Comenius and the Beginnings of Educational Reform, New York, C. Scribner's sons, 1900.

German in Hamburg and Berlin in 1855 as a big failure. If one gives credit to his account, Gouin tried to learn German in the same way he had learned Greek and Latin: through grammar, German lexical roots, and translations. He then tried the Ollendorf method[1] and finally memorized a full 30,000 word dictionary. All this was to no avail. Going back to France after his failed attempt to learn a foreign language, he started observing the way in which his two-year old nephew developed his knowledge of French. These observations helped him imagine another way for learning languages, based on sequences of successive actions related to a specific activity.

Among other principles, François Gouin discovered the importance of sequentiality in the process of early language acquisition. Sequentiality is indeed the first logical operation the child is able to develop. When we discover the world, we express our experience through sequentiality, putting order in it. Any basic life task such as lighting a fire, opening a door, or waiting for a bus is naturally divided into steps. Learning these steps helps the child organize his experience and express it through speech.

Within the Polis method currently applied at the Polis Institute in Jerusalem, a new technique has been developed, the *Living Sequential Expression (LSE)*. This technique is essentially inspired on two ideas of François Gouin:

a) The influence of sequentiality into the learning process.

b) The need to express basic human experience through the language we learn

This is why most of the pages of *Unus, Duo, Tres* show sequences of actions to be heard and seen, to then be enacted and retold by the learner. The main factors which enhance memory are indeed perception, experience, context, connection, and telling.

Perception. One tends to remember what has been heard and seen. This is why the use of images may enhance memory. The illustrations of a *LSE* unit can help the learner assimilate the sequence.

Experience. The acquisition process through *LSE* is greatly enhanced through *TPR* activities[2]. If, following the commands of a teacher or a co-learner, we stand up, walk, stop, or sit down, the very act of performing these actions will help us assimilate the sequence.

Context. In any *LSE* activity, the learner has to get *comprehensible input*. Any new vocabulary should be introduced gradually in order that students might discover the meaning of new lexicon through context.

Connection or sequentiality. When a series of logically or chronologically connected actions are performed, the current sequence of movements represents a very powerful tool to frame the sentences that describe them. This is why *connectivity* enhances memory.

Telling. Once the student has performed the actions, both the performer and the other students

---

[1] *Nouvelle méthode pour apprendre à lire, à écrire et à parler une langue en six mois, appliquée au Latin*, by Heinrich Ollendorf, London, Vize Slater, 1836/38. This author also wrote a method to learn German, based on translations and sentences unrelated to each other, which is what Gouin probably used (A. P. R. Howatt & H. G. Widdowson, A History of ELT, Oxford University Press, 2004, 183).

[2] *TPR* stands for *Total Physical Response*, a technique developed in the seventies by James Asher and which consist of learning a language through performing a series of commands ("Stand up!", "Run!", "Jump!", etc.). Thanks to TPR, the target language can immediately become the vehicle of instruction and the learner is invited to perform the actions she or he understands before expressing them in speech.

attending the session are invited to tell the sequence of actions that have been performed. Retelling the performed action helps the learner internalize the language.

Dynamic Language Development

All these elements are applied in the present book following the principle of *Dynamic Language Development* which is at the core of the Polis method. According to this principle, the sequence in which a learner internalizes the different features of the target language should respect the inner structure and dynamics of that same language. Taking into account research on first language acquisition helps lay out the pragmatic progression[3]. The process of internalizing a language will thus be all the more swift and efficient as language features are acquired according to an overall natural sequence, given that specific pragmatic features naturally precede others. This is what the pragmatic progression of *Unus, Duo, Tres,* intends to reflect.

What is there in a title

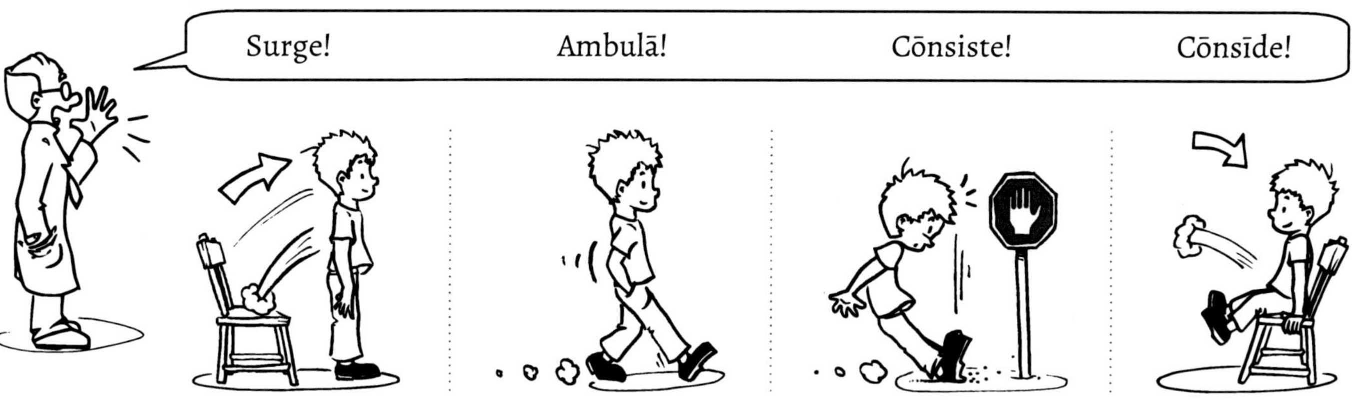

Unus, Duo, Tres: the ear (*Hermeneumata*), the eye (*Orbis pictus*) and the sequence (*L'Art d'enseigner*). These three elements enhance and reinforce language internalization.

Unus, Duo, Tres: step by step. Each linguistic feature of Latin is acquired following the principle of *Dynamic Language Development*.

Unus, Duo, Tres: hearing, performing, and retelling. To be efficient, the commands of this book should be given by an instructor or by another student. Once the commands are uttered, the learner will perform them, and then say outloud what has been done or performed.

The steps here suggested should help you reach language fluency, provided they are followed with discipline and constancy.

Christophe Rico

---

[3] The pragmatic progression is based on pragmatics rather than grammar. Pragmatics is the branch of linguistics dealing with language in use and the contexts in which it is used, including such matters as deixis, commands, and shifters (that is, words as "I", "here", "now").

1 Ab initiō

FIRST THINGS FIRST

Interdiū

Salvēte!
Salvē!
Salvē!

Noctū

Salvēte!
Salvē!
Salvē!

Valē!
Valē!
Valēte!

Valē!
Valē!
Valēte!

Interrogātiō:

Ut valēs?

Responsa:

Valeō …

Ego sum Iōannēs.

Quis es?
Iōannēs sum.

Tū Sūsānna es.

Quae sum?
Sūsānna es.

Tū Philippus es.

Quis sum?
Philippus es.

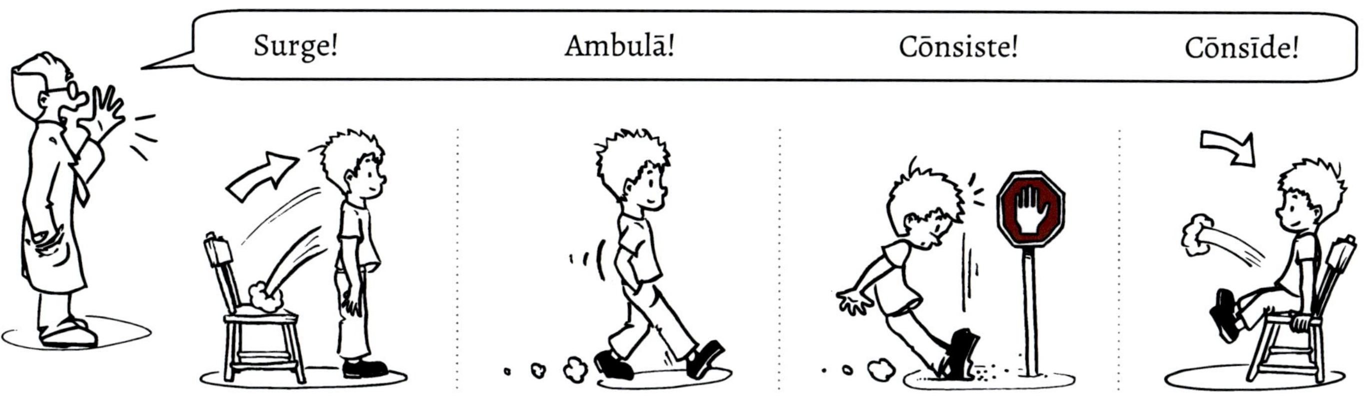
Surge!
Ambulā!
Cōnsiste!
Cōnsīde!

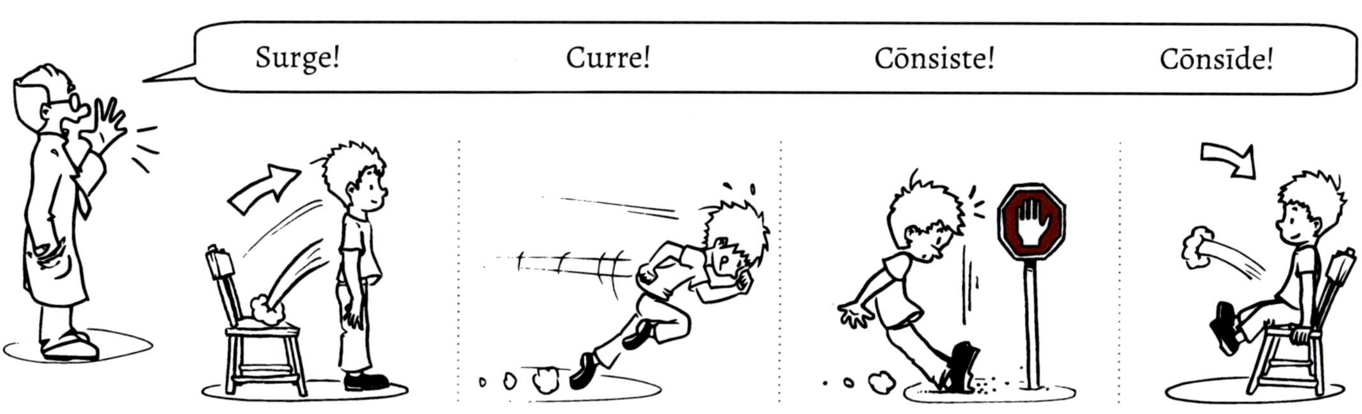
Surge!
Curre!
Cōnsiste!
Cōnsīde!

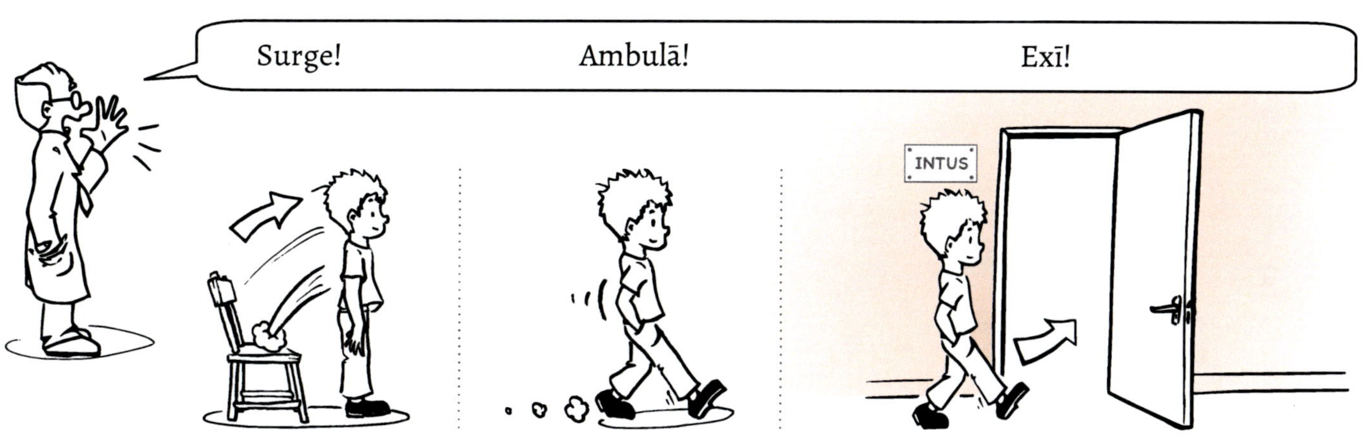
Surge!
Ambulā!
Exī!
INTUS

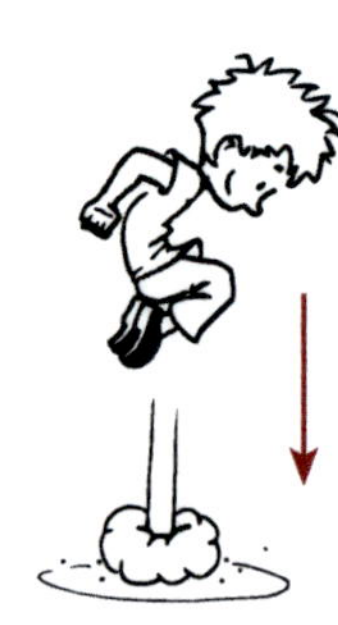

GRAMMATICA GRAMMAR

HĪC ⟶ / ⟵ ILLĪC

Ubi es, Philippe?
Hīc sum.
Ubi es, Rosa?
Hīc sum.
Es illīc, Rosa.
Ubi sum, Philippe?
Ubi sum, Rosa?
Es illīc, Philippe.

-ne **=** ?

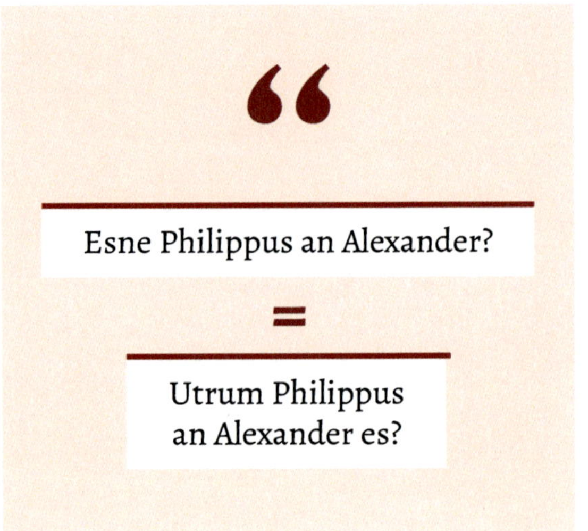

Esne Philippus an Alexander?

=

Utrum Philippus
an Alexander es?

G

GRAMMATICA   GRAMMAR

HŪC ⟶ / ⟵ ILLŪC

Ī ad mēnsam!

Ī ad tabulam!

Ī ad fenestram!

Ī ad iānuam!

Revertere ad sellam tuam!

Lentē

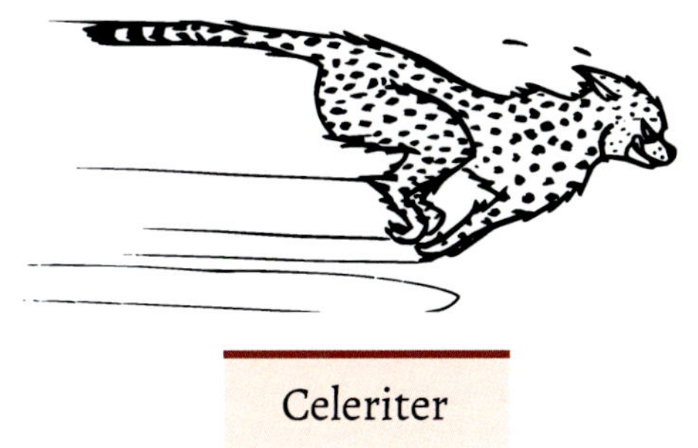

Celeriter

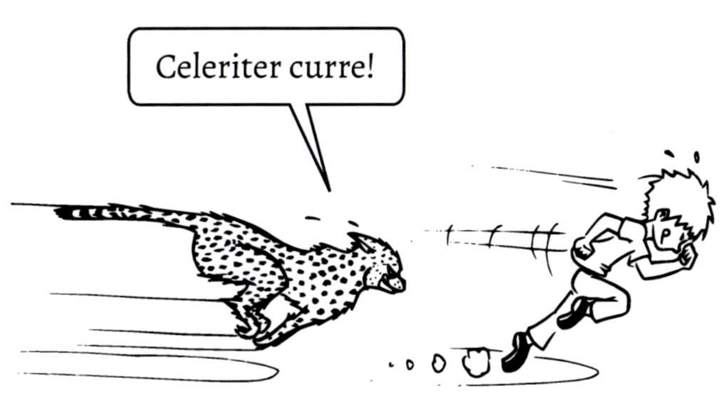

Surge!
Ī ad tabulam!
Scrībe in tabulā!
Revertere ad sellam tuam!

1

Surge!

2

Sequere mē!

3

Curre!

4

Cōnsiste!

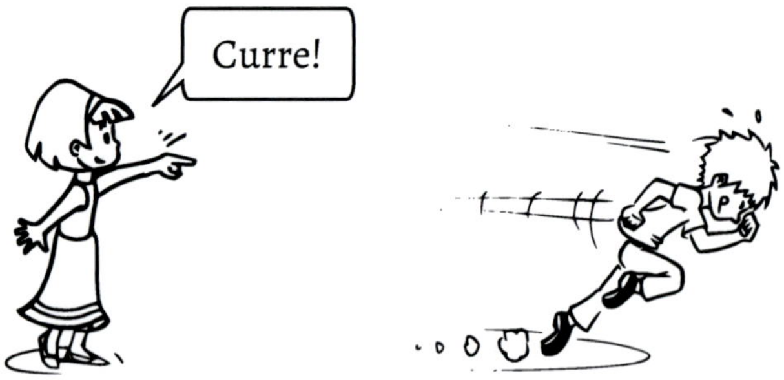

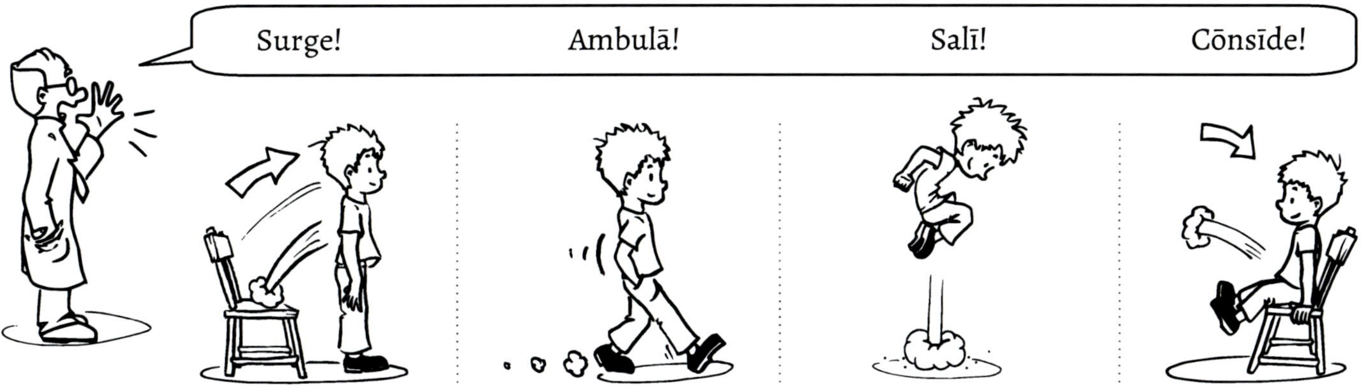

Surge!
Ambulā!
Salī!
Cōnsīde!

Ad laevam
Ad dextram

Vertere!
Vertere ad laevam!
Vertere ad dextram!

Ad dextram?
Ad laevam?
Flecte ad dextram!

Surge!

Sequere mē!

Vertere!

Ambulā!

1
Exī.
FORĀS

2
Intrā!
FORĪS

1 
Abī hinc!
HINC

2 
Revertere illinc!
ILLINC

3

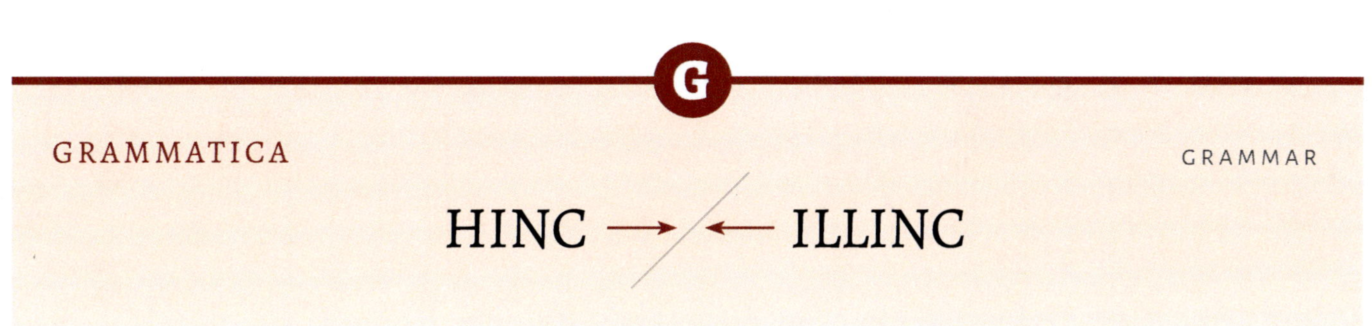

G
GRAMMATICA
GRAMMAR
HINC → / ← ILLINC

Liber est.
Quid est hoc?

Ita, liber est.
Estne liber?

Calamus est.
Quid est hoc?

Ita, calamus est.
Estne calamus?

Bulga est.
Quid est hoc?

Ita, bulga est.
Estne bulga?

Estne calamus hīc?
Etiam, calamus est hīc.
HĪC
Ubi est calamus?
Calamus est hīc.
Ubi est Philippus?
Philippus est illīc.
ILLĪC

Ille est Nestor.
Quis est?
Nestor est.
Illa Rosa est.
Quae est?
Rosa est.
Ego sum Iōannēs
Tū Sūsānna es
Ille Nestor est
Illa Rosa est

CANADA
AMERĪCA FOEDERĀTA
Mōns Rēgius
Novum Eboracum
MEXICUM
VENEZUELA
COLUMBIA
AEQUATŌRIA
PERŪVIA
BRASILIA
BOLIVIA
CHILIA
Bonus Āēr
ARGENTĪNA

Novum Eboracum in Amerīcā Foederātā est.
Bonus Āēr in Argentīnā est.
Mōns Rēgius in Canadā est.

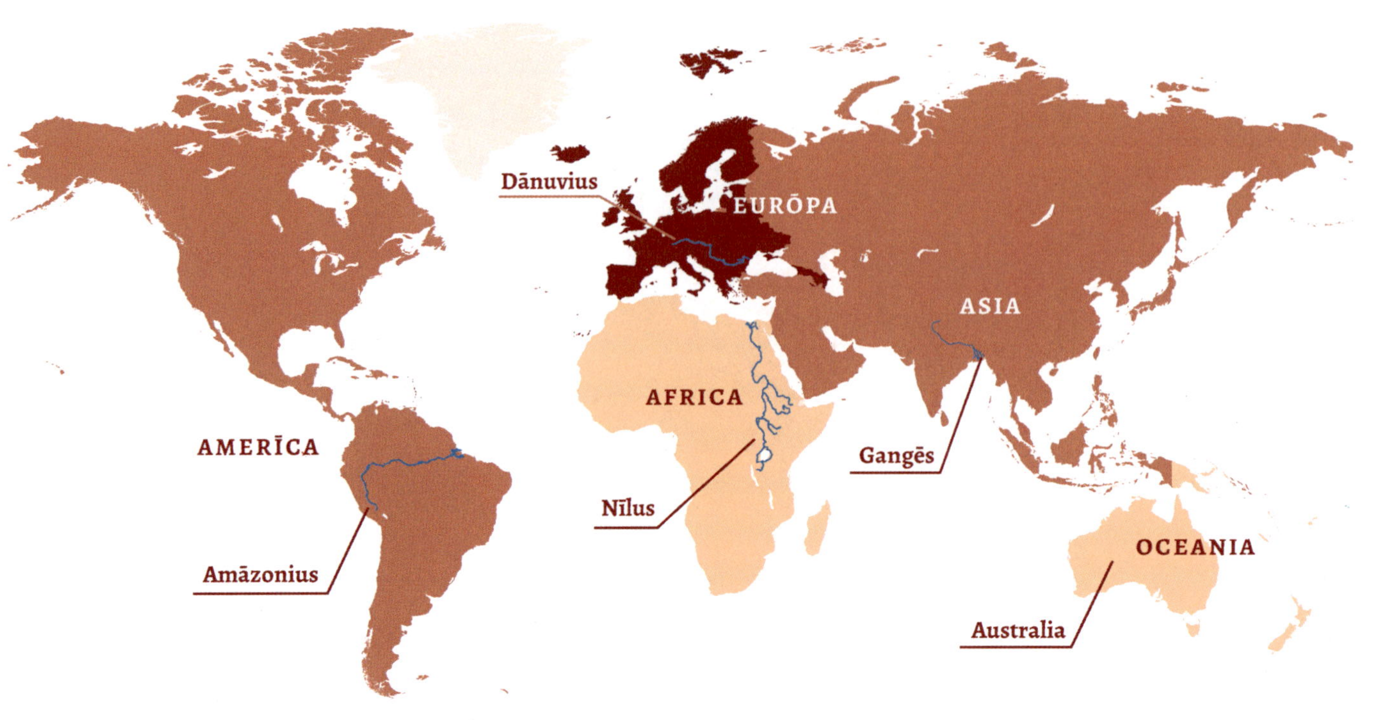

Dānuvius
EURŌPA
ASIA
AFRICA
Gangēs
AMERĪCA
Nīlus
OCEANIA
Amāzonius
Australia

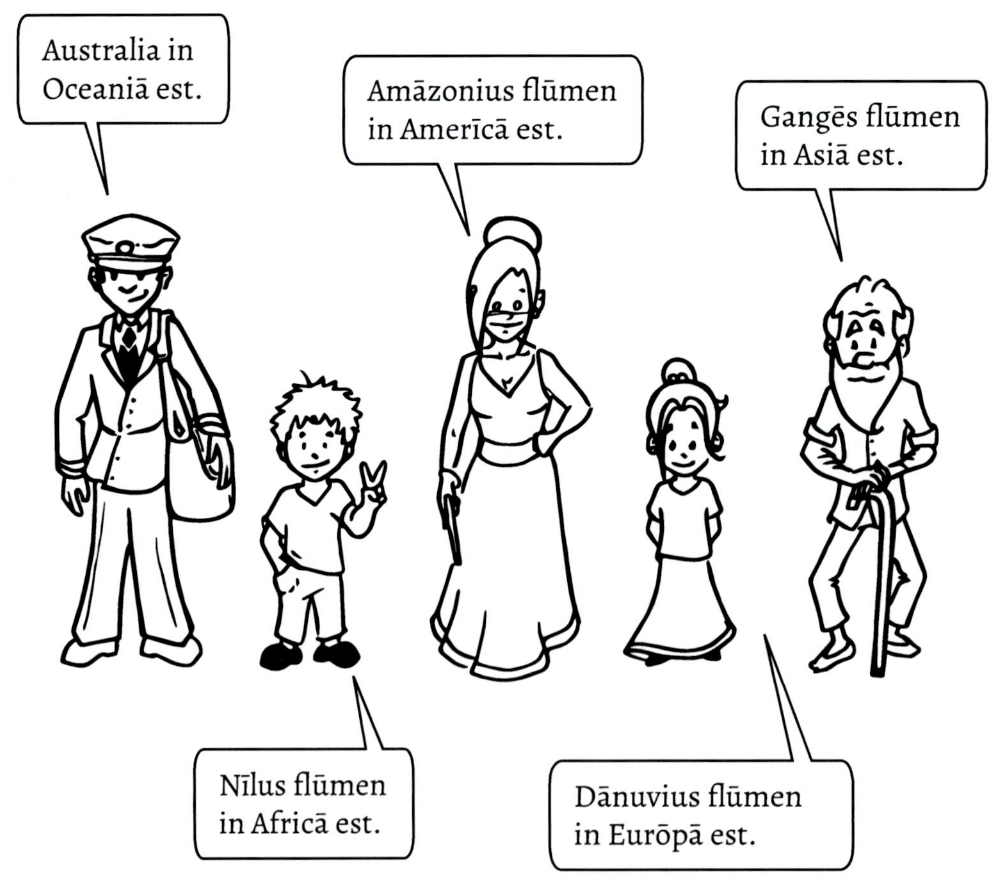

Australia in Oceaniā est.
Amāzonius flūmen in Amerīcā est.
Gangēs flūmen in Asiā est.
Nīlus flūmen in Africā est.
Dānuvius flūmen in Eurōpā est.

QUID SIGNIFICAT "NĀSUS"?

Quōmodo hoc dīcitur Latīnē?
?
Sōl.

Nōs Iōannēs et Sūsānna sumus.

Iōannēs et Sūsānna sumus.
Quī estis?

Vos Iōannēs et Sūsānna estis.

Quī sumus?
Iōannēs et Sūsānna estis.

Vōs Sūsānna et Iūlia estis.

Quae sumus?
Sūsānna et Iūlia estis.

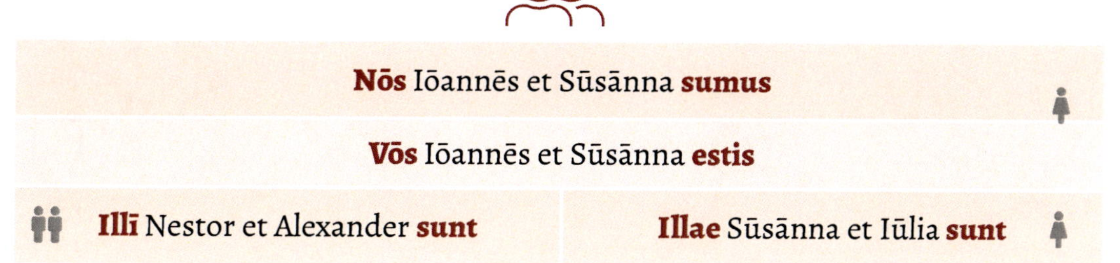

Nōs Iōannēs et Sūsānna **sumus**

Vōs Iōannēs et Sūsānna **estis**

Illī Nestor et Alexander **sunt**   **Illae** Sūsānna et Iūlia **sunt**

Ubi est Rōma?
ITALIA
Rōma in Italiā est.
RŌMA
Ubi est Lūtētia?
LŪTĒTIA
GALLIA
Lūtētia in Galliā est.

Ubi est calamus?
Calamus in bulgā est.
Ubi est liber?
Liber in bulgā est.
Ubi est pōculum?
Pōculum in capsā est.

EURŌPA

MAGNA BRITANNIA
Londīnum
HIBERNIA
NEDERLANDIA
BELGIUM
GERMĀNIA
Berolīnum
Varsavia
POLŌNIA
UCRAINA
Lūtētia
HELVĒTIA
GALLIA
RŌMĀNIA
Matrītum
Bucarestii
LŪSĪTĀNIA
ITALIA
HISPĀNIA
GRAECIA
Athēnae

Oriunda sum
ē Germāniā:
Germāna sum.
Oriundus sum
ē Germāniā:
Germānus sum.
Oriundī sumus
e Germāniā:
Germānī sumus.

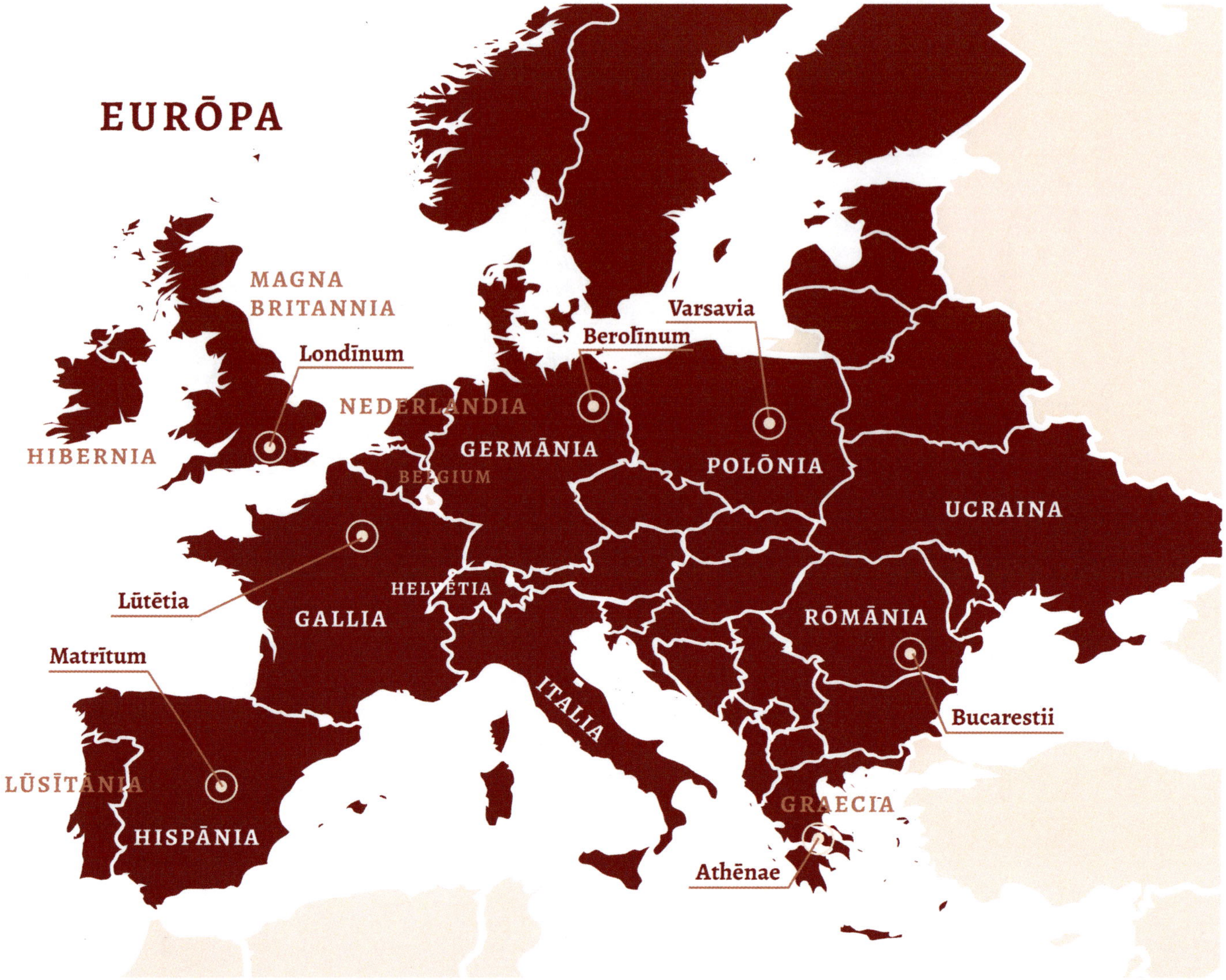

Unde oriundus es?
Ex Americā Foederātā?
Ex Argentīnā?
Ē Lūsītāniā?
Oriundus sum
ē Canadā.
CANADA
Unde oriundus es?
Ē Croātiā?
Ē Germāniā?
Ex Italiā?
Oriundus sum
ex Hispāniā.
HISPĀNIA
Unde oriundus es?
Ē Canadā?
Ē Brittaniā?
Ē Libyā?
Oriundus
sum ē Galliā.
GALLIA
e + cōnsonans › ē Galliā   /   ex + vocalis › ex Italiā

Nōn est sella sed mēnsa.
Quid est hoc?
Estne sella ?
Non est calamus sed liber.
Quid est hoc?
Estne calamus?
Nōn est telephōnum sed calamus.
Estne telephōnum?

Estne puer ?
Nōn est puer sed puella.
E=MC²
Estne puella?
Non est puella sed puer.
E=MC²
Estne calamus illīc?
Calamus non illīc sed hīc est.
HĪC
ILLĪC
Estne liber hīc?
Liber non hīc sed illīc est.
HĪC
ILLĪC

Cape calamum.
Quid capiō?

Cape illum.

Cape librum.
Quid capiō?

Cape illum.

Cape telephōnum.
Quid capiō?

Cape illum.

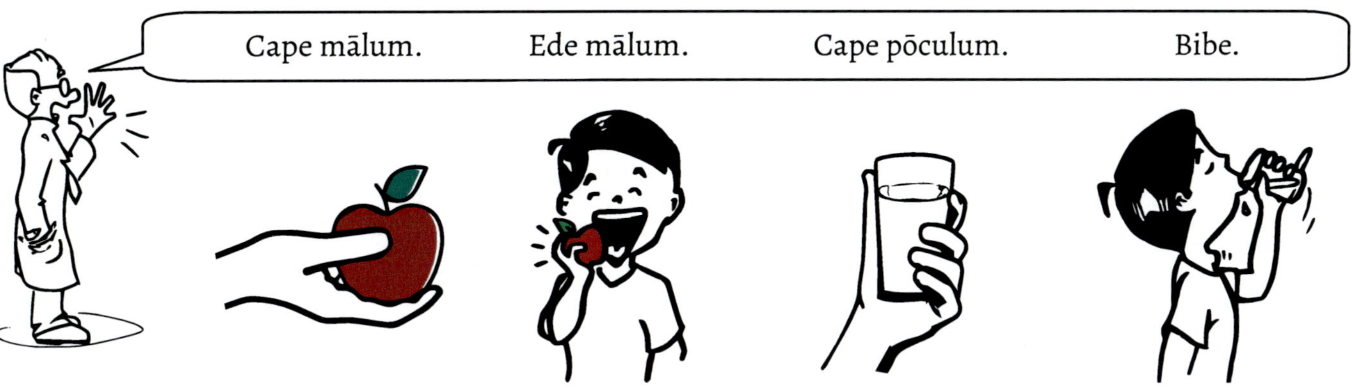
Cape mālum.
Ede mālum.
Cape pōculum.
Bibe.

Cape pōculum.
Bibe paulum.

Cape pōculum.
Bibe multum.

1

2

3

VOCĀBULĀRIUM
VOCABULARY

aes

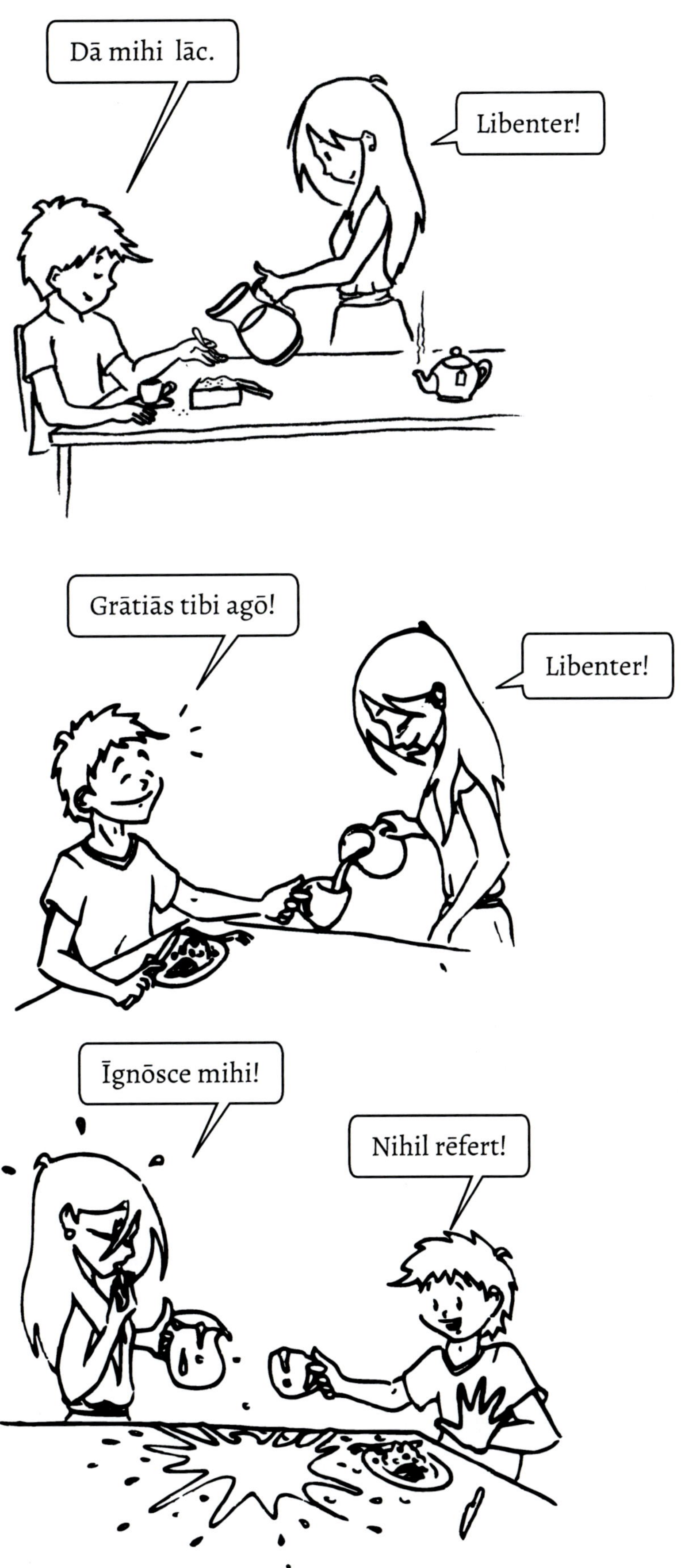
Dā mihi lāc.
Libenter!
Grātiās tibi agō!
Libenter!
Īgnōsce mihi!
Nihil rēfert!

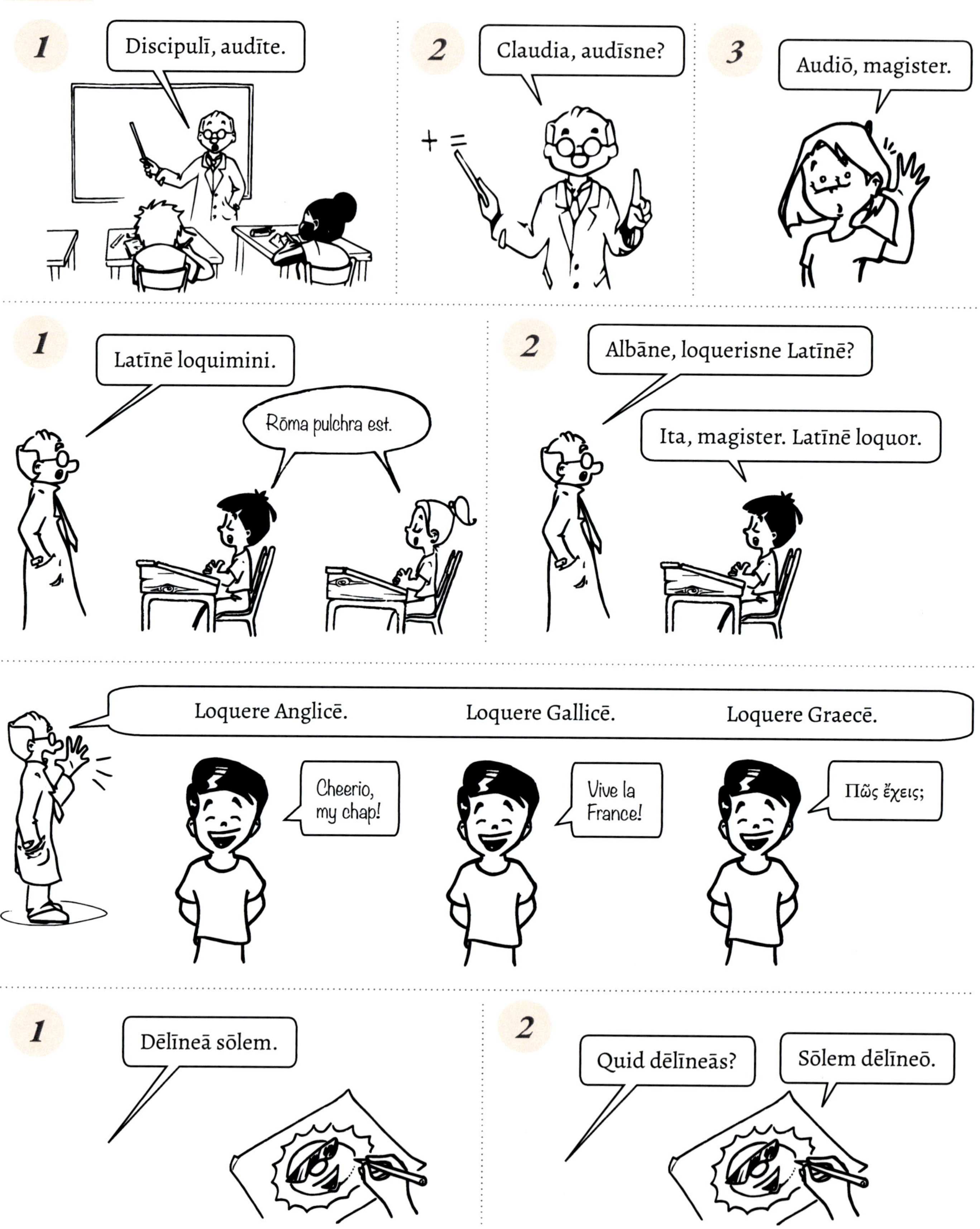
1
Discipulī, audīte.

2
Claudia, audīsne?

3
Audiō, magister.

1
Latīnē loquimini.
Rōma pulchra est.

2
Albāne, loquerisne Latīnē?
Ita, magister. Latīnē loquor.

Loquere Anglicē.
Loquere Gallicē.
Loquere Graecē.
Cheerio, my chap!
Vive la France!
Πῶς ἔχεις;

1
Dēlīneā sōlem.

2
Quid dēlīneās?
Sōlem dēlīneō.

Albāne, dīc "Albānum"!
Albānum!

Dīcite "@?#$"!
@?#$!

Dīcite, "Rōmam"!
Rōmam!

Albāne, dīc "Herculem"!
Herculem!

Quid est hoc?
Sōl est.

Quid dīcis?
?
Sōl est. Hoc dīcō.

1
Vocābulum "Domum" scrībe.
Quīntus

2
Quid scrībis?
Domum
Vocābulum "domum" scrībō.

3
Quīnte, dūc līneam sub litterās U et M.
Domum

4
Quid facis?
Domum
Dūcō līneam sub litterās U et M.

5
Domus.
Quīnte, intellegisne hoc vocābulum?
Intellegō.

1
Stephane, venī ad tabulam!
Domus
2
Stephane, spectā tabulam!
Quid spectās?
Domum
Verbum "domum" spectō
3
Stephane, lege tabulam.
Quid legis?
Domum
Verbum "domum" legō.
4
Stephane, intellegisne hoc vocābulum?
Domum
Hoc nōn intellegō
5
Stephane, dēlē!
Quid dēlēs?
DOM
Vocābulum "domum" dēleō.

VERBUM SUM

Quis es (tū)?	Iōannēs sum (ego)	Quī estis (vōs)?	Iōannēs et Sūsānna sumus (nōs)
Quae es (tū)?	Rosa sum (ego)	Quae estis (vōs)?	Sūsānna et Iūlia sumus (nōs)
Quis sum (ego)?	Philippus es (tū)	Quī sumus (nōs)?	
Quae sum (ego)?	Sūsānna es (tū)	Quae sumus (nōs)?	Sūsānna et Iūlia estis (vōs)
Quis est (ille)?	Nestor est (ille)	Quī sunt (illī)?	Nestor et Alexander sunt (illī)
Quae est (illa)?	Rosa est (illa)	Quae sunt (illae)?	Sūsānna et Iūlia sunt (illae)

ADVERBIA LOCĪ

Hīc sum	Illīc es	Ubi es?
Venī hūc!	Ī illūc!	
Abī hinc!	Revertere illinc !	

IMPERĀTĪVĪ

I	II	IIIa	IIIb	IV		
Ambulā!	Dēlē ! (Dēleō)	Lege! (Legō)	Cape! (Capiō)	Venī!	Ī!	Revertere!
Intrā!		Scrībe! Adde!		Salī!	Exī!	Sequere!
Spectā!		Cōnsiste! Curre !		Audī!		Vertere!
Dā!		Surge! Cōnsīde !				
		Flecte!				
		Ede!				
		Bibe!				
		Dūc! (Dūcō)				
		Dīc ! (Dīcō)				

INTERROGĀTIŌNĒS

Esne Philippus?	Ita	Nōn
Esne Philippus?	Nōn sum Philippus sed Nestor.	
Esne Philippus an Nestor? / Utrum Philippus an Nestor es?	Philippus sum / Neque Philippus neque Nestor sum.	
Quid est hoc?	Liber est.	
Unde oriundus es?	Ex Hispāniā / Ē Croātiā.	

Dēmōnstrātīva et Motus et Partēs Corporis

DEICTICS, MOVEMENTS AND BODY PARTS.

A DĒMONSTRĀTĪVA SINGULĀRIA

DEICTICS SINGULAR

Quae est haec?
E=MC²
Haec est discipula.
Quae est haec? 
Haec est mulier.
Quid est hoc? 
Haec est bulga.

Quid est hoc?
Hic est sōl.

Quid est hoc?
Hic est calamus.

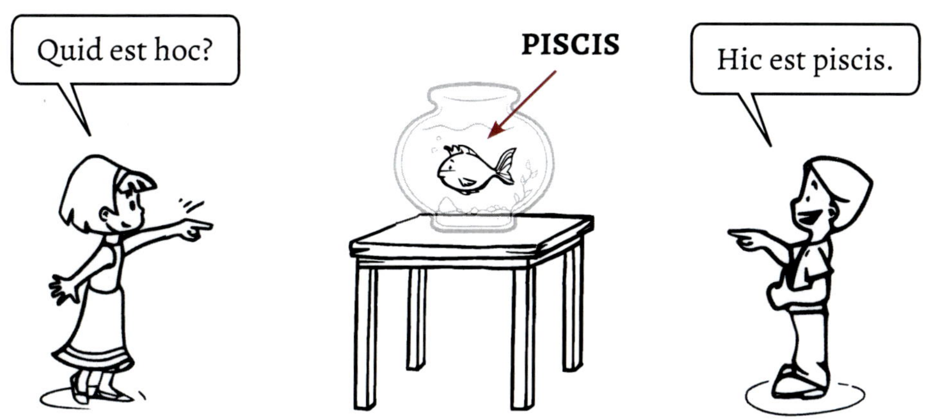

Quid est hoc?
PISCIS
Hic est piscis.

Quis est hic?
Hic est magister.

Quis est hic?
Hic est discipulus.

Quis est hic?
Hic est vir.

Quid est hoc?
Hic est liber parvus.

Quid est hoc?
Hic est liber magnus.
Quid est hoc?
Hic est libellus.

Quid est hoc?
Hoc est mālum.

Quid est hoc?
Hoc est pōculum.
Quid est hoc?
Hoc est folium.

Quid est hoc?
Hoc est telephōnum.

Quid est hoc?
Hoc est hōrologium.

Quid est hoc?
Hoc est dōnum.

ōstium **=** iānua

Intus → ← Forīs

1

Ōstium pulsā.
Intrā.
FORĪS

2

Aperī ōstium.
FORĪS

3

Intrā in conclāve.
FORĪS

4

Claude ōstium.
INTUS

5

Aperī ōstium.
INTUS

6

Exī ē conclāvī.
FORĪS

Aperī ōs.
Claude ōs.
Aperī oculōs.
Claude oculōs.
Ascende.
Descende.

Mōnstrā mihi librum.
1
Tange hunc librum.
2
Cape hunc librum.
3
Pōne hunc librum in mēnsā.
4
Mōnstrā mihi calamum.
1
Tange hunc calamum.
2
Cape hunc calamum.
3
Pōne hunc calamum in mēnsā.
4

Mōnstrā mihi pōculum.
1
Tange hoc pōculum.
2
Cape hoc pōculum.
3
Pōne hoc pōculum in mēnsā.
4
Mōnstrā mihi vīnum.
1
Tange hoc vīnum.
2
Cape hoc vīnum.
3
Pōne hoc vīnum in mēnsā.
4

Mōnstrā hanc sellam.

Mōnstrā hanc fenestram.

Mōnstrā hanc mēnsam.

Mōnstrā discipulum.

Mōnstrā discipulam.

Mōnstrā magistrum.

Mōnstrā librum.

Mōnstrā calamum.

Mōnstrā libellum.

Mōnstrā pōculum et lagoenam.

Mōnstrā librum magnum et parvum.

Mōnstrā calamum parvum et magnum.

Mōnstrā mulierem et hominem.

Mōnstrā prūdentem et stultum discipulum.
E=MC²
II=I+I

Mōnstrā difficilem et facilem viam.

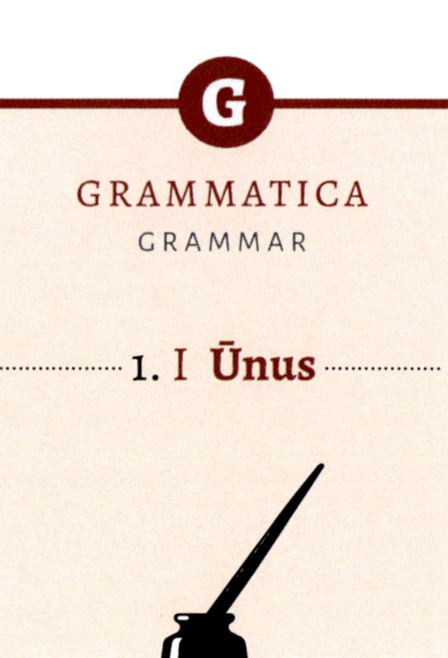

G

GRAMMATICA
GRAMMAR

1. I **Ūnus**

Ūnus calamus

Ūna bulga

Ūnum dōnum

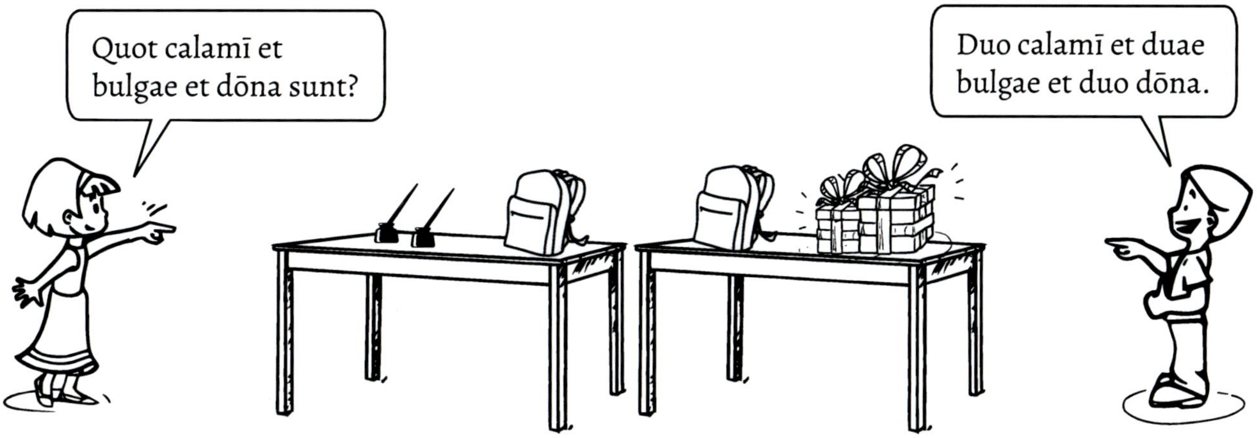

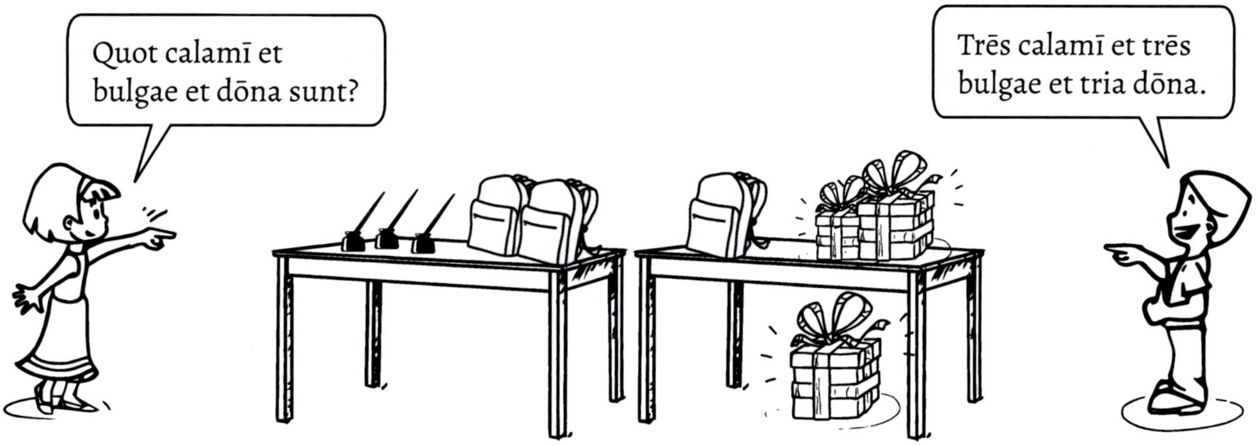

GRAMMATICA GRAMMAR

2. II **Duo**   3. III **Trēs / Tria**

Quot calamī et bulgae et dōna sunt?
Quattuor calamī et quattuor bulgae et quattuor dōna.
Quot calamī et bulgae et dōna sunt?
Quīnque calamī et quīnque bulgae et quīnque dōna.

G

GRAMMATICA

GRAMMAR

4. IV **Quattuor**

5. V **Quīnque**

Quattuor calamī

Quattuor bulgae

Quattuor dōna

Quīnque calamī

Quīnque bulgae

Quīnque dōna

Extende digitōs.

Contrahe digitōs.

Extende bracchium.

Contrahe bracchium.

Extende caput.

Contrahe caput.

Tolle crūs.
Tolle manum sinistram.
Tolle humerum.

Dēmitte crūs.
Tolle manum dexteram.
Dēmitte humerum.

Tange manum.
Tange nāsum.
Tange dentēs.
Tange caput.

Caput
Oculus
Auris
Ōs
Humerus
Pectus
Crūs
Genū
Capillī
Nāsus
Digitus
Manus
Bracchium
Cubitus
Pēs

Aperī ōs.
Loquere.
Clāmā.
BLA BLA
BLA BLA...

Loquere Anglicē.
Loquere Gallicē.
Loquere Graecē.
Cheerio, my chap!
Vive la France!
Πῶς ἔχεις;

Cane.
Sībilā.
Lātrā.
BAU!
BAU!

Vīsne dulce?
Ego autem mālum volō.
Ita, crustulum volō.
Quid vultis bibere?
Arabicam volumus.
Quid vir bibere vult? Succum mālī vult.
Quid mulier bibere vult? Lāc vult.
Quid vultis bibere?
Vīnum bibere volunt.

Quid vīs edere?

Quid vīs bibere?

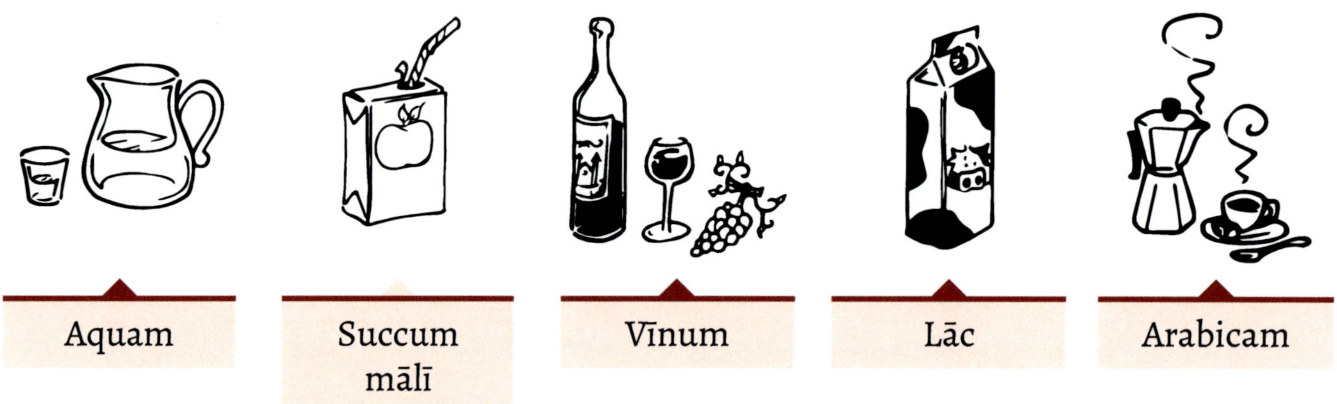

Vīsne dulce? Volō …

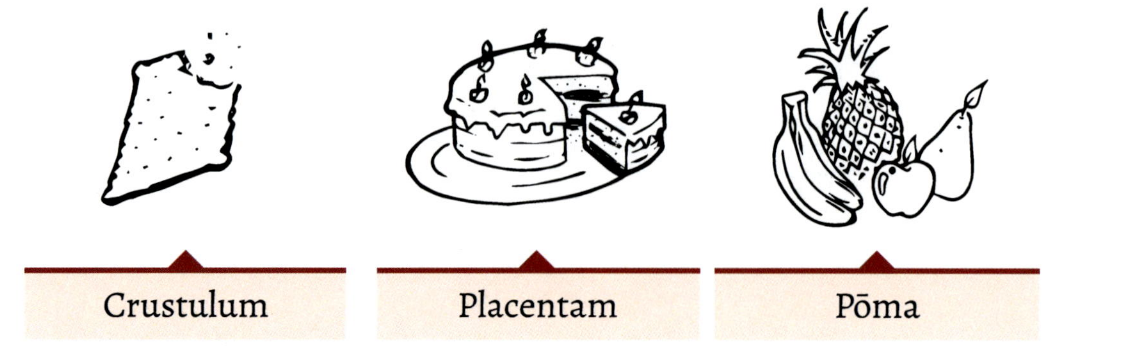

Quid non vult?
Vīsne piscem?
Nōlō
Nōn vult edere piscem.
Vīsne piscem?
Quid vult?
Volō.
Vult edere piscem.
Volō quiēscere.
Nōlō litterīs studēre.

Intrō domum → ← Exeō domō

Albāne, potesne Japōnicē loqui?
Iūlia, potesne Japōnicē loquī?
Possum.
Nōn possum.
Potes, Albāne? Loquere!
おはようございます
Stephane, potesne currere?
Paule, potesne currere?
Possum.
Nōn possum.
Potes, Stephane? Curre!
Iūlia, potesne tollere crūs?
Nōn possum.
Stephane, potesne tollere crūs?
Possum.
Tolle crūs!

ĒSURĪRE, SITĪRE, SOMNŌ GRAVĀTUM ESSE, LASSUM ESSE

Diū = Multum tempus

22.00 Sērō est
24.00 Valdē sērō est

QUID EST HOC?

Haec est	Hic est		Hoc est
Fenestra	Calamus	Magister	Mālum, vīnum
Sella	Discipulus	Liber	Pōculum
Mēnsa	Libellus	Vir	Folium
Tabula	Digitus	Homo	Telephōnum
discipula	Nāsus	Sōl	Hōrologium
Bulga	Humerus	Piscis	Dōnum
Cella	Oculus		Ōstium
Lagoena			Bracchium
Mulier			Ōs
Manus			Caput
			Crūs

Aperī / Claude / Mōnstrā / Tange / Cape / Ī ad / Intrā in….			
Hanc fenestram	Hunc calamum	Hunc magistrum	Hoc mālum, vīnum
Hanc sellam	Hunc discipulum	Hunc librum	Hoc pōculum
Hanc mensam	Hunc libellum	Hunc virum	Hoc folium
Hanc tabulam	Hunc digitum	Hunc oculum	Hoc telephōnum
Hanc discipulam	Hunc nāsum	Hunc hominem	Hoc hōrologium
Hanc bulgam	Hunc humerum	Hunc sōlem	Hoc dōnum
Hanc cellam			Hoc ōstium
Hanc lagoenam			Hoc bracchium
Hanc mulierem			Hoc ōs
Hanc manum			Hoc caput
			Hoc crūs

| Ūna bulga | Duo bulgae | Trēs bulgae | Quattuor bulgae | Quīnque bulgae |

QUOT CALAMĪ SUNT?

| Ūnus calamus | Duō calamī | Trēs calamī | Quattuor calamī | Quīnque calamī |

QUOT DŌNA SUNT?

| Ūnum dōnum | Duo dōna | Tria dōna | Quattuor dōna | Quīnque dōna |

INFINĪTĪVĪ

Volō / Nōlō / Possum						
Ambulāre (ambulō)	Dēlēre (dēleō)	Legere (lego)	Capere (capiō)	Venīre (veniō)	Īre (eō)	Revertī (revertor)
Pulsāre	Studēre	Claudere		Aperīre	Exīre	Loquī
Mōnstrāre		Ascendere / Descendere		Ēsurīre		
Clāmāre		Tangere, pōnere		Sitīre		
Sībilāre		Cōnsistere, quiēscere		Dormīre		
Lātrāre		Canere, tollere				
Labōrāre		Edere, bibere				
Intrāre		Dūcere, dīcere				

Bibere volō (ego)	Bibere nōlō	Japōnice loquī possum
Dulcem vīs (tū)	Piscem edere nōn vīs	Tollere crūs potes
Succum mālōrum vult (ille/ illa)	Succum mālōrum nōn vult	Currere potest
Arabicam volumus (nōs)	Arabicam nōlumus	Ambulāre possumus
Lāc vultis (vōs)	Lāc nōn vultis	Sībilāre potestis
Vīnum volunt (illī/ illae)	Vīnum nōlunt	Clāmāre possunt

DE NŌMINE DOMŌ

| Intrā domum! | Exī domō! | Sum domī |

3 Dē mundō dēscrībendō

DESCRIBING THE WORLD

Estne calamus illīc?
Calamus non est illīc.
ILLĪC
Estne liber hīc?
Liber non est hīc.
Stephane, adesne?
Tertia, adesne?
Adsum, magister.
Adsum, magister.
Stephanus
Tertia
Iūlia
Adestne Iūlia?
Iūlia abest, nōn adest.

Estne calamus in bulgā?
Est.
Estne liber in bulgā?
Certē.
Estne libellus in bulgā?
Minimē.
Estne mālum in bulgā?
Nēquāquam.

Nōnne est calamus in bulgā?
Ita est.
Nōnne est libellus in bulgā?
Est, certē
Estne magister?
Ita est.
Num magistra es?
Nōn sum.
Nēquāquam Minimē Nōn   Est Ita Etiam Certē
-ne ...? Ita / Nōn
Num ...? Nōn
Nōnne ...? Ita

Estne calamus illīc?
Calamī sunt hīc.
Dā mihi hunc calamum.

Estne liber illīc?
Librī sunt hīc.
Dā mihi hunc librum.

Videō mēnsam.
Ubi est illa mēnsa?

Illīc est.

Ubi est ille fēlēs?
Videō fēlem.

Hīc est.

6. VI **Sex**

Sex calamī

7. VII **Septem**

Septem bulgae

8. VIII **Octō**

Octō dōna

9. IX **Novem**

Novem calamī

10. X **Decem**

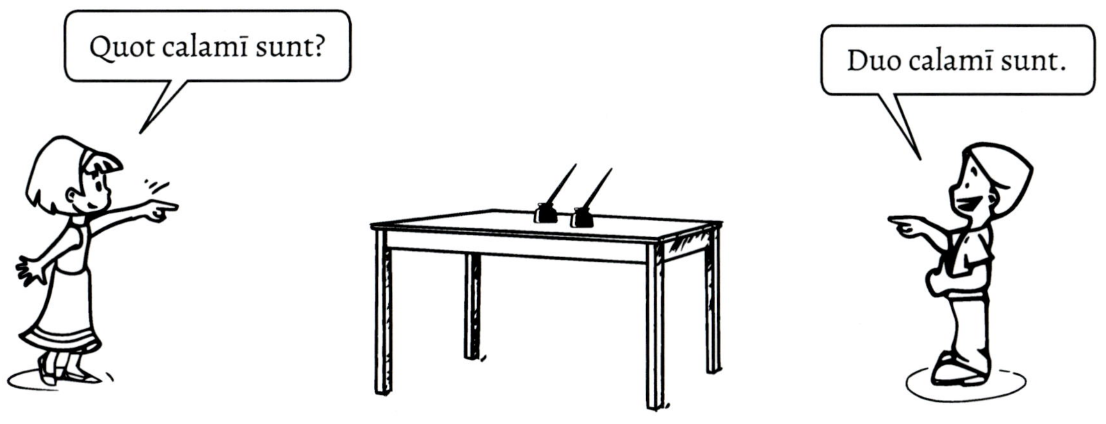

Quot calamī sunt?
Duo calamī sunt.

Quot mēnsae sunt?
Trēs mēnsae sunt.

Quot dōna sunt?
Tria dōna sunt.

Quot calamī sunt tibi?
Dā mihi duōs calamōs.
Trēs calamī mihi sunt.*
** = Quot calamōs habēs? Trēs calamōs habeō.

Quot librī sunt tibi?
Dā mihi duōs librōs.
Quattuor librī mihi sunt.**
** = Quot librōs habēs? Quattuor librōs habeō.

Mihi est coma longa.

Mihi est coma brevis.

Mihi est coma rēcta.

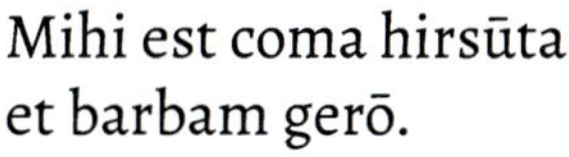
Mihi est coma hirsūta
et barbam gerō.

Ego calvus sum.

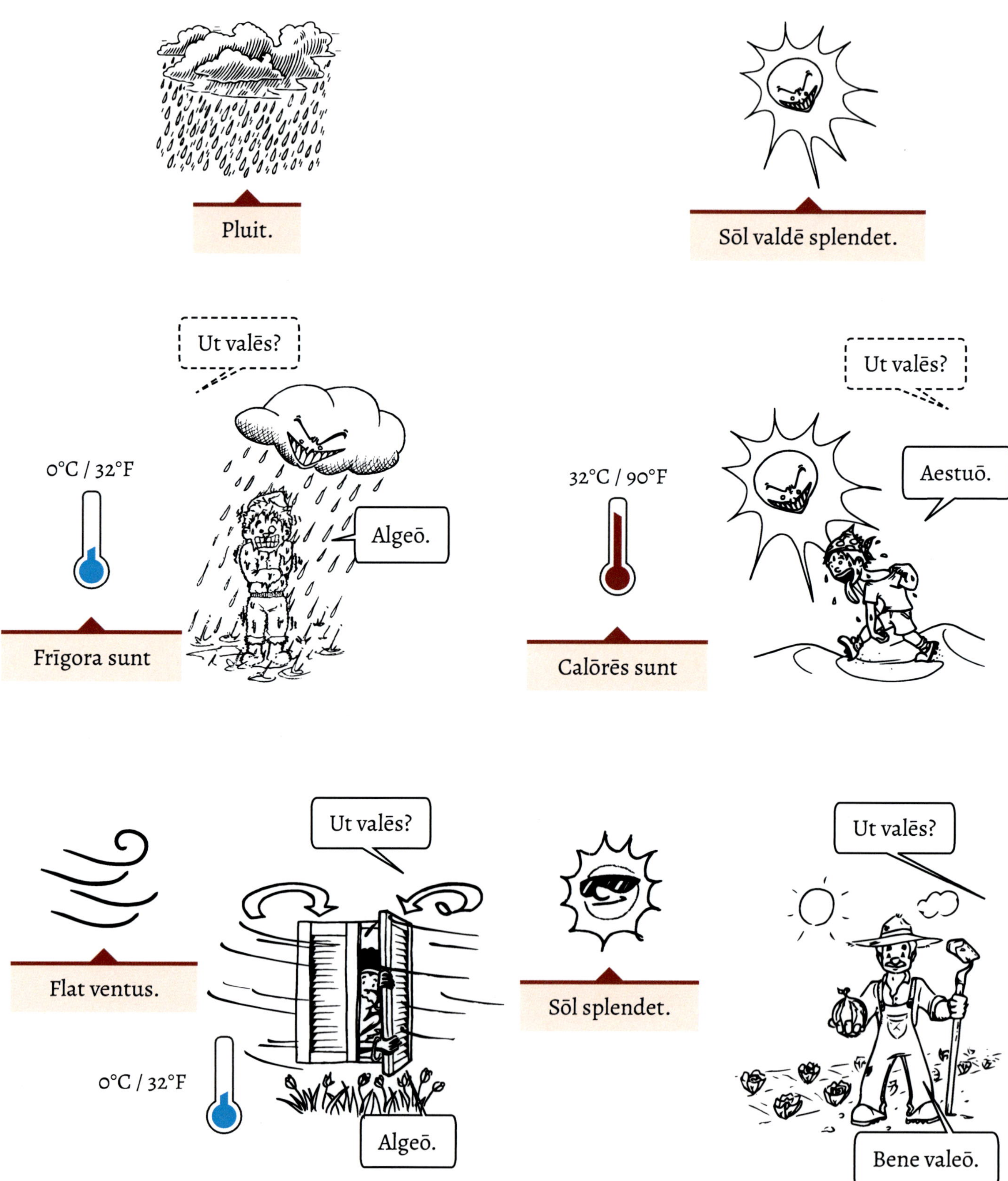
Pluit.
Sōl valdē splendet.
Ut valēs?
0°C / 32°F
Algeō.
Frīgora sunt
Ut valēs?
32°C / 90°F
Aestuō.
Calōrēs sunt
Flat ventus.
Ut valēs?
0°C / 32°F
Algeō.
Sōl splendet.
Ut valēs?
Bene valeō.

Ubi ambulās?
In viā ambulō.
Quid vidēs?
Umbram videō.
Quid tibi accidit?
Timeō.
Ubi tē abscondis?
Post arcam mē abscondō.
Quid edis?
Venēnum edō.
Quid tibi accidit?
Venter dolet.
Quid sūmis?
Medicīnam sūmō.
Ut valēs?
Melius habeō.
Quid tibi accidit?
Caput dolet.
Quid tibi accidit?
Cor dolet.

85

E INDICĀTĪVUS PRAESENS SINGULĀRIS

Stephanus *surgit*.

Stephanus *ambulat*.

Stephanus *cōnsistit*.

Stephanus *cōnsīdit*.

Stephanus *surgit*.

Stephanus *currit*.

Stephanus *cōnsistit*.

Stephanus *cōnsīdit*.

Stephanus _scrībit_ in tabulā.

1
Veniō.
Venī! Venīsne?
2
Sequor.
Sequere me! Sequerisne?
3
Curre! Currisne?
Currō.
4
Cōnsiste! Cōnsistisne?
Cōnsistō.
1
Surge! Surgisne? Quid facis?
Surgō.
Quid facit Stephanus? Stephanus
2
Ambulā! Ambulāsne? Quid facis?
Ambulō.
Stephanus ambulat.
3
Salī! Salīsne?
Saliō.
Stephanus salit.
4
Cōnsīde! Cōnsīdisne?
Cōnsīdō.
Stephanus cōnsīdit.

Veniō.
Venī hūc! Venīsne?
Stephanus venit.
Sequor.
Sequere me! Sequerisne?
Stephanus sequitur.
Vertor.
Vertere! Verterisne?
Stephanus vertitur.
Ambulō.
Ambulā! Ambulāsne?
Stephanus ambulat.

Veniō ab urbe.
Unde venīs?

Unde venit?
Venit ab hortō.
AD HORTUM

Venīs ā scholā.
Unde veniō?

Stephanus hūc venit.

Stephanus abit hinc.

Titus intrat hūc.

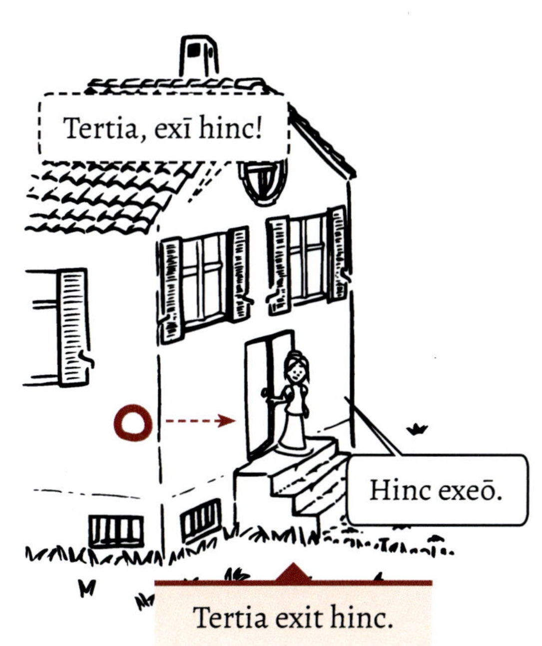

Tertia exit hinc.

Venī hūc, Stephane!
AD HORTUM
Stephanus it illūc.

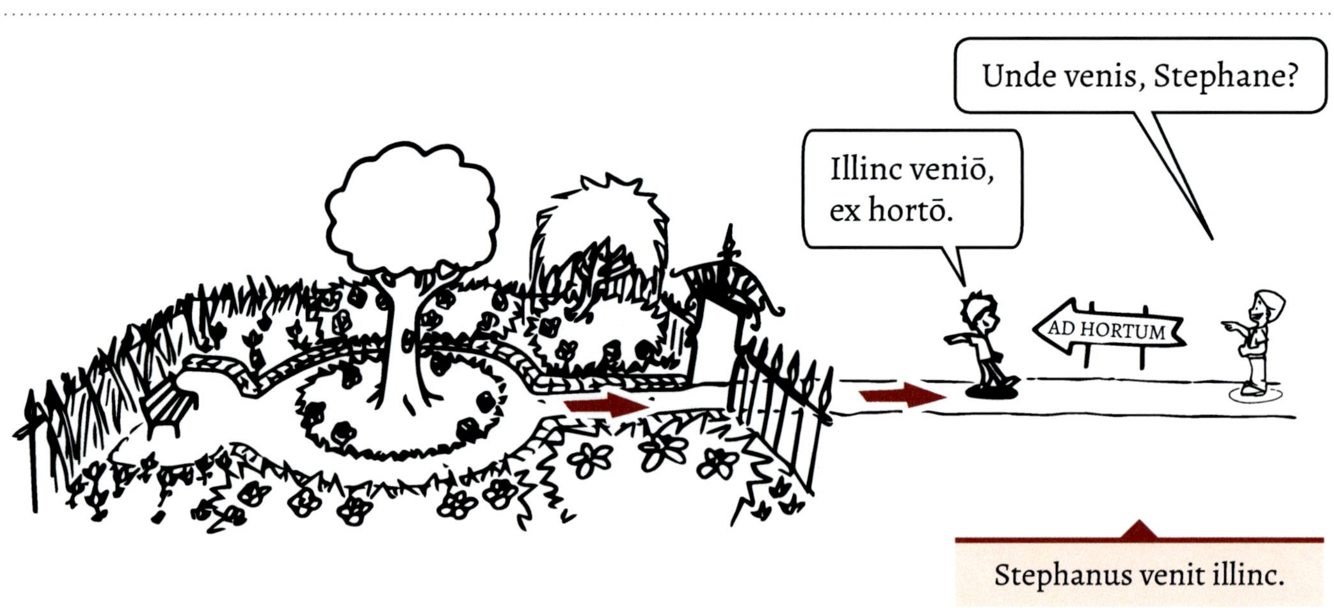

Unde venis, Stephane?
Illinc veniō, ex hortō.
AD HORTUM
Stephanus venit illinc.

Titus ab hortō abit.

Titus pervenit domum.
Frater et mater domī sunt.

Stephanus exit domō.

Quō pervenit Stephanus?
Stephanus pervenit ad raedam.

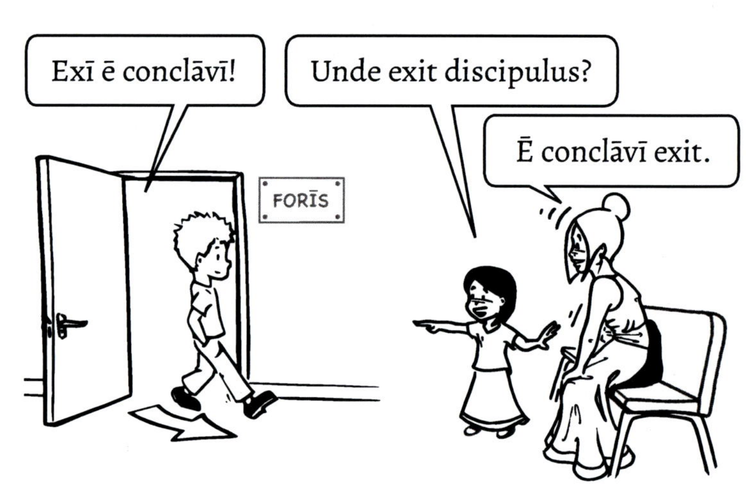

Exī ē + *ablativus*	Exī ē conclāvī, ē lūdō, ē tabernā!
Intrā in + *accusativum*	Intrā in conclāve, in lūdum, in tabernam!

AD

+ accūsātīvus

Stephanus it ad hortum.

IN

+ accūsātīvus

Stephanus intrat in hortum.

IN

+ ablātīvus

Stephanus in hortō est.

IN

+ accūsātīvus

IN

+ ablātīvus

Ex hortō exit Stephanus.

Ab hortō venit Stephanus.

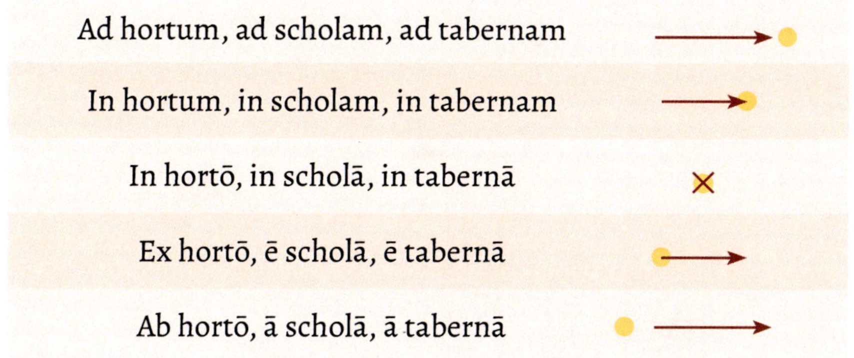

Octāvia in pistrīnā est.

Sextus ā bibliothēcā redit.

Stephanus ā mercātū redit.

Octāvia cum matre ad lūdum it.

Stephanus in argentāriam intrat.

Stephanus ē cūriā redit.

Ī ad popīnam pedibus.

Ī ad librāriam birotā.
Birota

Ī ad pharmacopōlium raedā.
Raeda

Currus pūblicus
Ī ad tabernam currū pūblicō.

Ī ad mercātum trāmine.
Trāmen

Ascende. Ascendisne?
Ita, ascendō.
Stephanus ascendit.

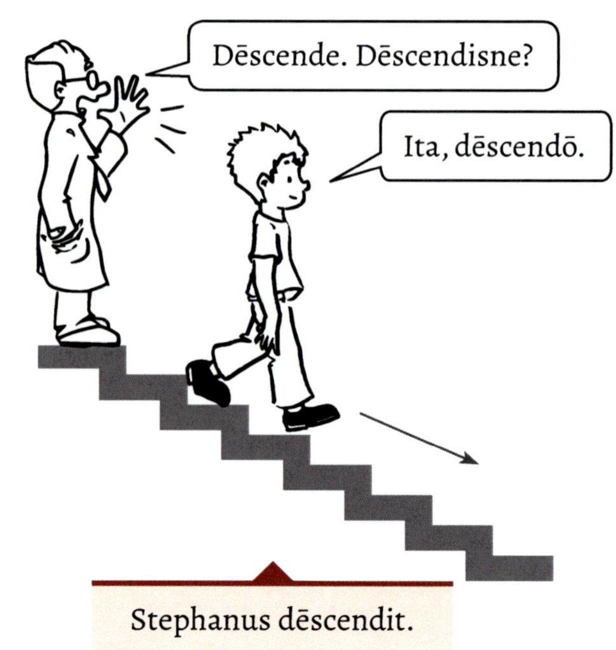
Dēscende. Dēscendisne?
Ita, dēscendō.
Stephanus dēscendit.

Veniō.
Venī ad fenestram! Venīsne?
Fausta ad fenestram venit.

Aperī fenestram! Aperīsne?
Aperiō.
Fausta fenestram aperit.

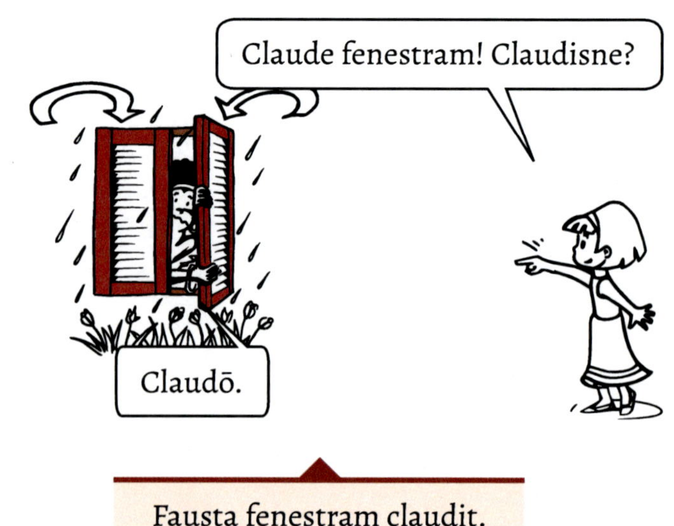
Claude fenestram! Claudisne?
Claudō.
Fausta fenestram claudit.

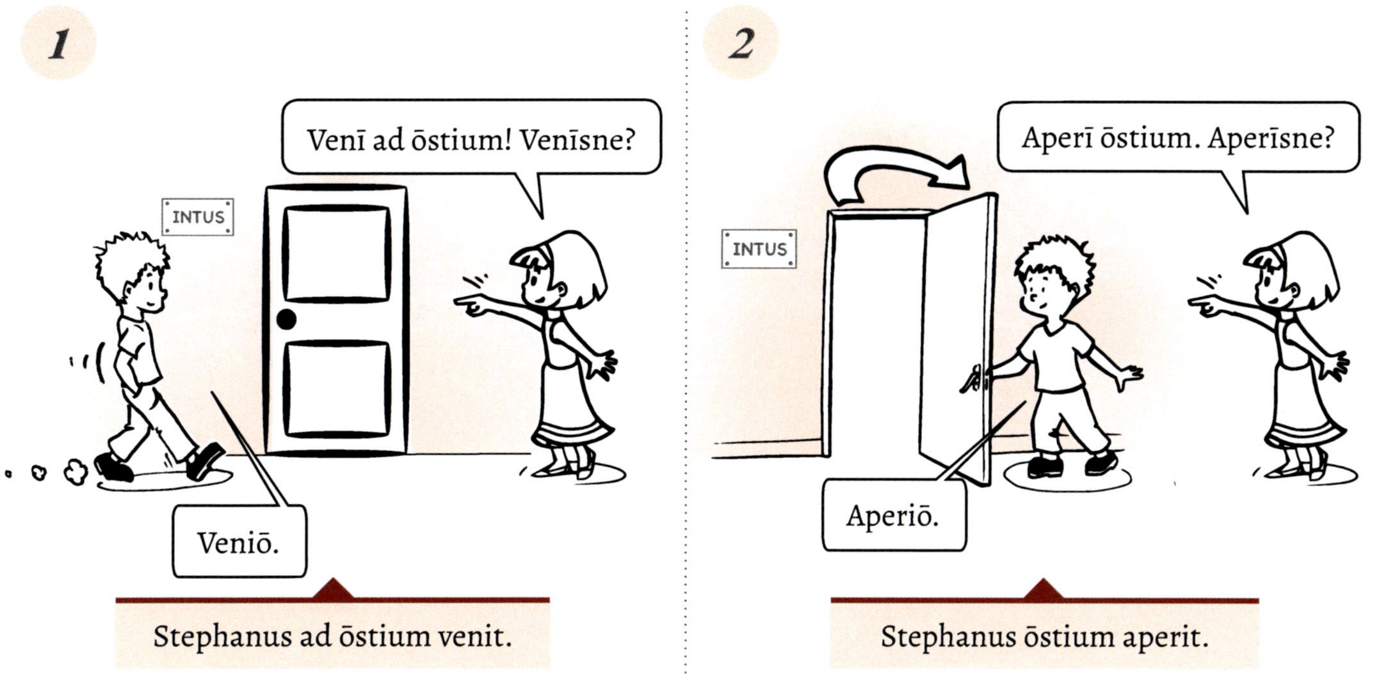
1
INTUS
Venī ad ōstium! Venīsne?
Veniō.
Stephanus ad ōstium venit.
2
INTUS
Aperī ōstium. Aperīsne?
Aperiō.
Stephanus ōstium aperit.

3
INTUS
Exī. Exīsne?
Exeō.
Puer exit. Puella ōstium mōnstrat.

Stephanus ōstium pulsat.

Stephanus ōstium aperit.

Stephanus in conclāve intrat.

Stephanus ōstium claudit.

Stephanus ōstium aperit.

Stephanus ē conclāvī exit.

Cape mālum! Capisne?
Ede mālum! Edisne?
Capiō.
Edō.
Albānus mālum capit.
Albānus mālum edit.
Cape pōculum. Capisne?
Bibe! Bibisne?
Capiō.
Bibō.
Albānus pōculum capit.
Albānus bibit.

Stephanus librum suum quaerit.

Stephanus librum invenit.

Stephanus dat librum magistrō.

Stephanus accipit librum suum.

I	II	III A	III B	IV		
Ambulāre	**Dēlēre**	**Quaerere**	**Capere**	**Audīre**	**Esse**	**Īre**
Ambulō	Dēleō	Quaerō	Capiō	Audiō	Sum	Eō
Ambulās	Dēlēs	Quaeris	Capis	Audīs	Es	Īs
Ambulat	Dēlet	Quaerit	Capit	Audit	Est	It

Stephanus *nōn currit sed ambulat*.

Stephanus *hōram videt*.

Stephanus *nōn ambulat sed currit*.

Stephanus *fessus est*.

Stephanus *ōstium magistrī pulsat*.

Stephanus *ōstium aperit*.

Stephanus *vōcem magistrī nōn exspectat sed intrat*.

Magister *īrāscitur*.

Tiberia **nōn** pallium **induit** sed paenulam.

Tiberia **non** umbellam **tollit** sed bulgam.

Tiberia **exit** domō.

V

VOCĀBULĀRIUM
VOCABULARY

Bulga

Umbella

Paenula

Pallium

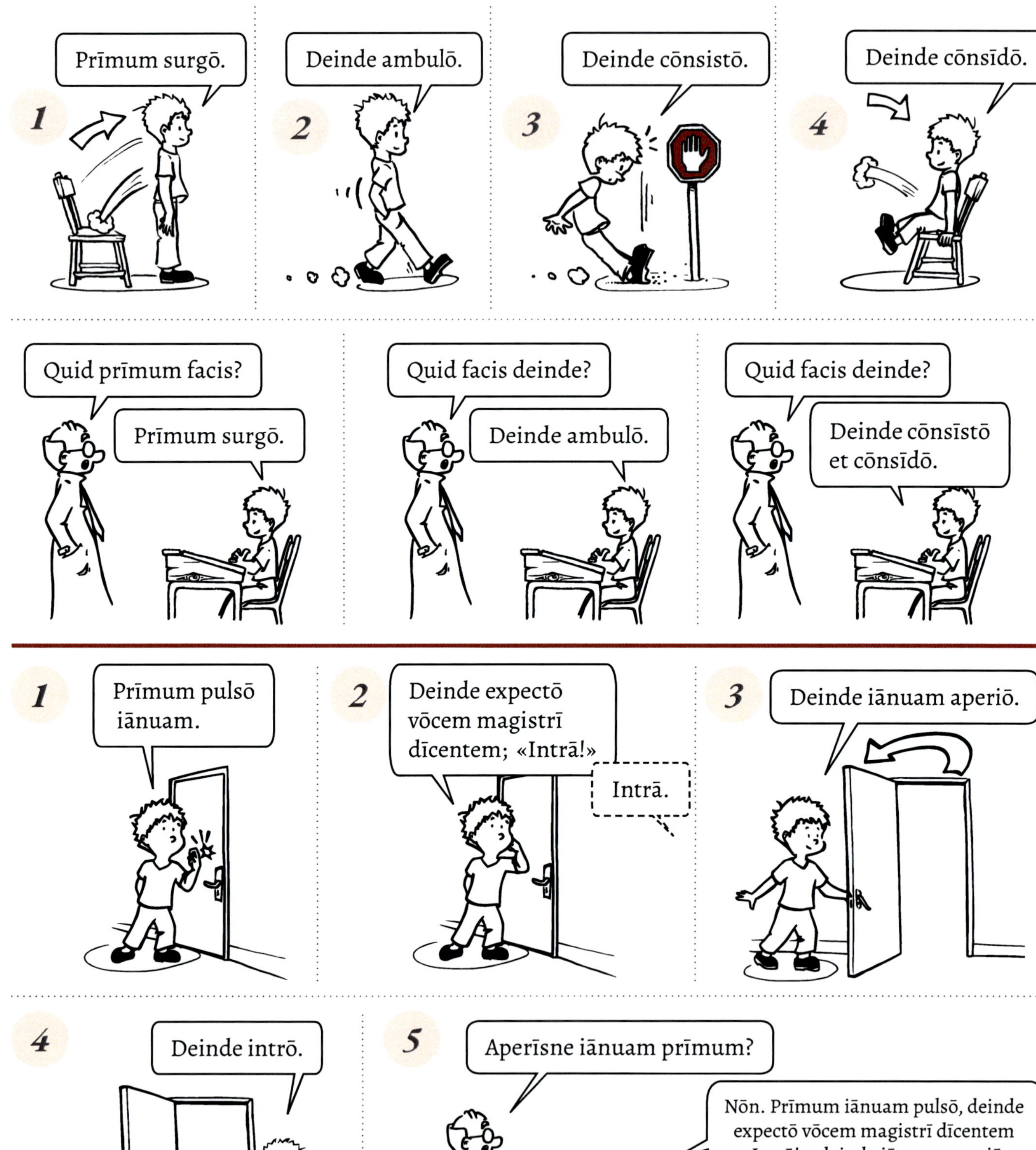
Prīmum surgō.
1
Deinde ambulō.
2
Deinde cōnsistō.
3
Deinde cōnsīdō.
4
Quid prīmum facis?
Prīmum surgō.
Quid facis deinde?
Deinde ambulō.
Quid facis deinde?
Deinde cōnsīstō et cōnsīdō.
1
Prīmum pulsō iānuam.
2
Deinde expectō vōcem magistrī dīcentem; «Intrā!»
Intrā.
3
Deinde iānuam aperiō.
4
Deinde intrō.
5
Aperīsne iānuam prīmum?
Nōn. Prīmum iānuam pulsō, deinde expectō vōcem magistrī dīcentem «Intrā!», deinde iānuam aperiō.

Incipit canere.
Pergit canere /
Adhūc canit.
Dēsinit canere /
Nōn jam canit.
Incipit legere.
Pergit legere /
Adhūc legit.
Dēsinit legere /
Nōn iam legit.
Incipit salīre.
Pergit salīre /
Adhūc salit.
Dēsinit salīre /
Nōn iam salit.

Quod est mūnus tuum?

Medicus

Magistra

Patrōnus causae

Coquus

Ego sum Vincēns.
Oriundus sum ē Galliā.
Valētūdinārium
Medicus sum. In valētūdināriō operam dō.

Ego sum Appia.
Oriunda sum ex Hispāniā.
Magistra sum. In lūdō operam dō.

Canō bene.
Lassus sum.

Sībilō bene.
Ēsuriō

VERBA ADESSE ET ABESSE

Adsum (ego)	Absum (ego)
Stephane, ades.	Stephane, abes.
Adest Iulia.	Abest Iulia.
Adsumus (nōs)	Absumus (nōs)
Philippe et Rosa, adestis.	Philippe et Rosa, abestis.
Adsunt Nestor et Philippus.	Absunt Nestor et Philippus.

INTERROGĀTIŌNĒS

Estne Philippus magister?						
Nēquāquam	Minimē	Nōn	Est	Ita	Etiam	Certē
Curritne Philippus?						
Nēquāquam	Minimē	Nōn	Currit	Ita	Etiam	Certē
Adesne?		Num ades?		Nōnne ades?		
Ita/ Nōn		Nōn		Ita		

NUMERĪ

Ūnus libellus mihi est	Ūna bulga mihi est	Ūnum dōnum mihi est
Duo libellī / bulgae / dōna mihi sunt		
Trēs libellī mihi sunt	Trēs bulgae mihi sunt	Tria dōna mihi sunt
Quattuor libellī / bulgae / dōna mihi sunt		
Quīnque libellī / bulgae / dōna mihi sunt		
Sex libellī / bulgae / dōna mihi sunt		
Septem libellī / bulgae / dōna mihi sunt		
Octō libellī / bulgae / dōna mihi sunt		
Novem libellī / bulgae / dōna mihi sunt		
Decem libellī / bulgae / dōna mihi sunt		

Quot calamī tibi sunt?	Trēs calamī mihi sunt.
Dā mihi librum!	Dō tibi librum.
Mihi est coma longa et rēcta.	Tibi est coma brevis et hirsūta.

ADJECTĪVA

Masculīna	**Fēminīna**	**Neutra**
Mihi est liber magnus	Mihi est fenestra magna	Mihi est dōnum magnum
Tange lībrum magnum	Tange fenestrās magnās	Tange dōna magna

Masculīna	**Fēminīna**	**Neutra**
Hic est puer difficilis	Haec est puella difficilis	Hoc est verbum difficile
Vidē puerum difficilem	Tange puellam difficilem	Vidē verbum difficile

Masculīna	**Fēminīna**	**Neutra**
Hic est discipulus prūdēns	Haec est discipula prūdēns	Hoc est caput prūdēns
Vidē discipulum prūdentem	Vidē discipulum prūdentem	Vidē caput prūdentem

FRĪGUS ET CALOR; PAVOR ET DOLOR

Ut valēs?	Algeō	Frīgus est
	Bene valeō	Sōl splendet
	Aestuō	Calor est
Quid tibi accidit ?	Pavēscō	
	Venter/ caput / cor dolet	

	I	II	IIIa	IIIb	IV		
Nōlī	ambulāre	dēlēre	legere	capere	venīre	īre	sequī
(Ego)	Ambulō	Dēleō	Legō	Capiō	Veniō	Eō	Sequor
(Tū)	Ambulās	Dēlēs	Legis	Capis	Venīs	Īs	Sequeris
(Ille/ Illa)	Ambulat	Dēlet	Legit	Capit	Venit	It	Sequitur

I	II	IIIa	IIIb	IV		
Stō, dō	Videō	Scrībō	Faciō	Inveniō	Exeō	Loquor
Pulsō	Doceō	Surgō, currō, quaerō	Accipiō	Aperiō	Abeō	Vertor
Intrō		Cōnsīdō, cōnsistō		Saliō	Redeō	Revertor
Expectō		Descendō, ascendō				
Clāmō		Claudō, edō, bibō				
Lātrō		Coquō, induō, canō				

QUAESTIŌNĒS UBI, UNDE, QUŌ

Ubi est calamus?	Hīc	In bulgā	Domī
Ubi est calamus?	Illīc	In mensā	
Quō pervenit Rosa?	Hūc	Ad raedam	Domum
Quō intrat Philippus?	Illūc	In cellam	
Unde exit Stephanus?	Hinc	Ē cellā / Ex hortō	Domō
Unde abit Sūsānna?	Illinc	Ā scholā / Ab hortō	

Eō	ad hortum	ad scholam	ad tabernam
Intrō	in hortum	in scholam	in tabernam
Sum	in hortō	in scholā	in tabernā
Exeō	ex hortō	ē scholā	ē tabernā
Abeō	ab hortō	ā scholā	ā tabernā

Nōminātīvus	Haec est culīna	Hic est hortus	Hoc est pharmacopōlium
Accūsātīvus	Culīnam videō	Hortum videō	Pharmacopōlium videō
Ablātīvus	In culīnā sum	In hortō sum	In pharmacopōliō sum

DĒ ALIQUOT LOCŪTIŌNIBUS

Eō ad popīnam birotā / raedā / currū pūblicō / trāmine

Incipit canere.

Pergit canere = adhūc canit.

Dēsiit canere = Non jam canit.

Dē agente et objectō ac dē plurālī

AGENT, OBJECT, AND PLURALITY

A DĒ DĒMŌNSTRĀTĪVĪS PLŪRĀLIBUS PLURAL DEMONSTRATIVE PRONOUNS

Quī sunt hī?
Hī sunt discipulī.

Quae sunt hae rēs?
Hī sunt calamī.

Quae sunt hae rēs?
Hī sunt librī.

Quae sunt hae rēs?
Haec sunt telephōna.

Quae sunt hae rēs?
Haec sunt māla.

Quae sunt hae rēs?
Haec sunt dōna.

Haec est familia mea.
Omnēs pedibus stāmus, nēmō sedet.
Ūnusquisque subrīdet.

Ūnusquisque subrīdet
Omnēs pedibus stāmus
Omnēs → ← Nēmō

Subrīdet
Nōn subrīdet
Stat pedibus
Sedet

Servius

Iūlia

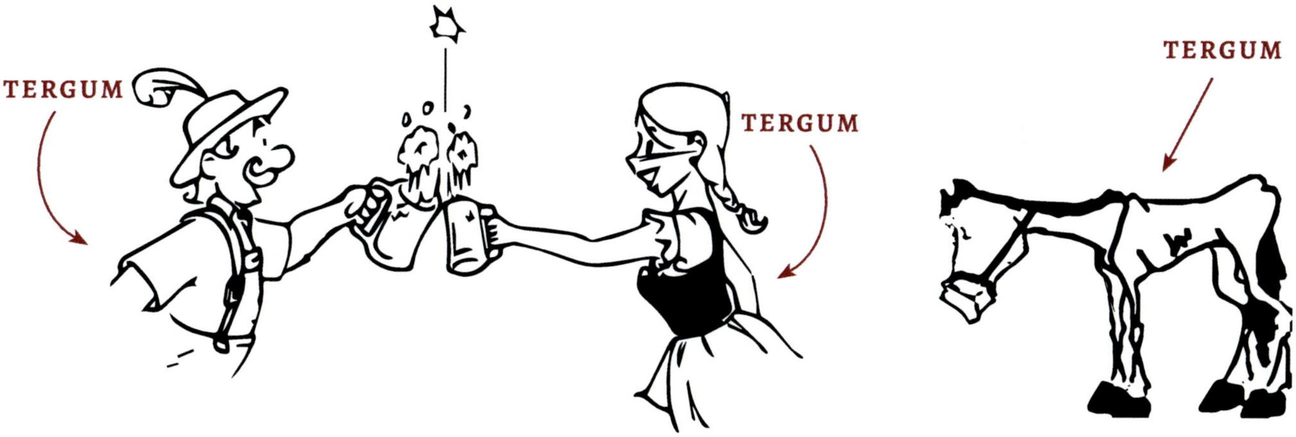

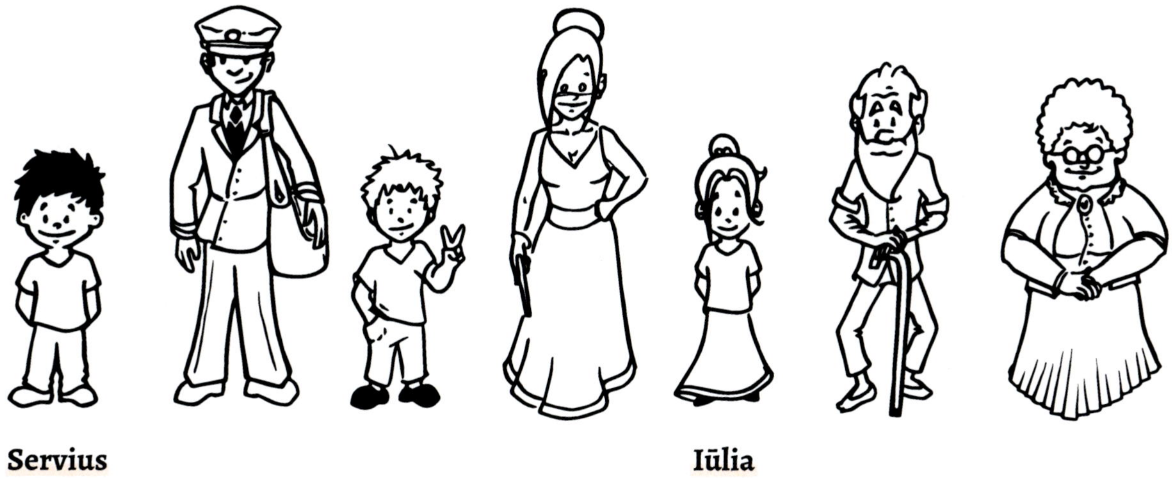

Nōnnūllī manūs post tergum habent,
nōn omnēs. Servius et Iūlia manūs
post tergum habent.

Quodcumque hīc vidēs bene sapit.

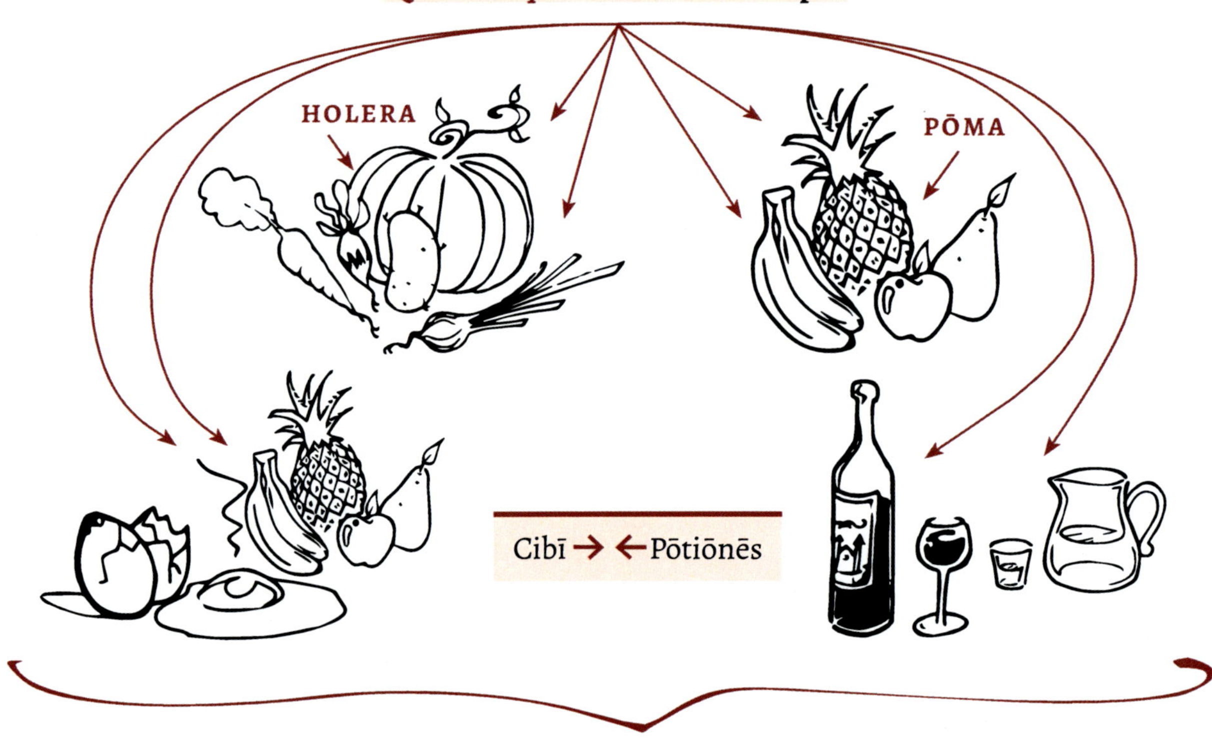

Haec sunt alimenta. Nōn omnia sunt cibī, nōn omnia pōtiōnēs. Nōnnūlla sunt holera, nōnnūlla pōma. Omnia bene sapiunt, nihil male sapit. Quodcumque hīc vidēs bene sapit.

Māne ientāculum habēmus. Māne ientāmus.

Merīdiē prandium habēmus. Merīdiē prandēmus.

Vesperī cēnam habēmus. Vesperī cēnāmus.

Placetne tibi vīnum?
Valdē placet!
Placentne tibi crustula? 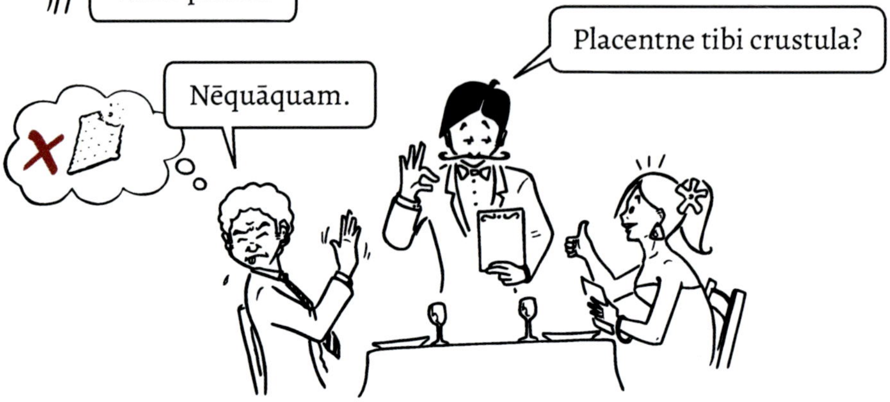
Nēquāquam.
Placetne pullīna? 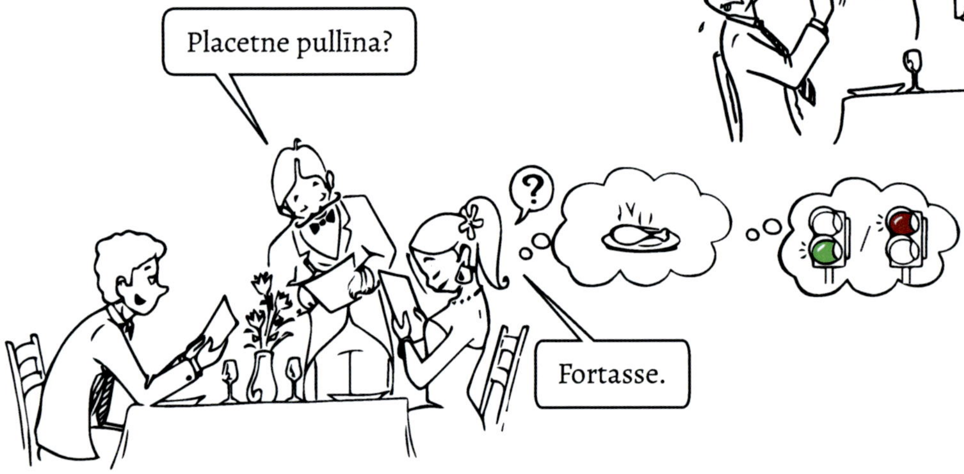
Fortasse.
Mihi placet tēcum loquī.
Sed mihi nōn placet!

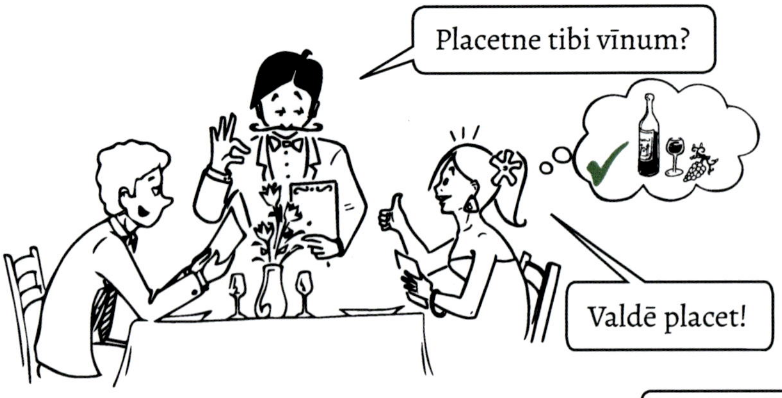

Placet …
Placetne tibi haec imāgō?
… hanc autem mālō.
Placetne tibi hoc hōrologium?
Placet …
HŌROLOGIUM
… hoc autem mālō.
Placetne tibi haec raeda?
Placet …
… hanc autem mālō.

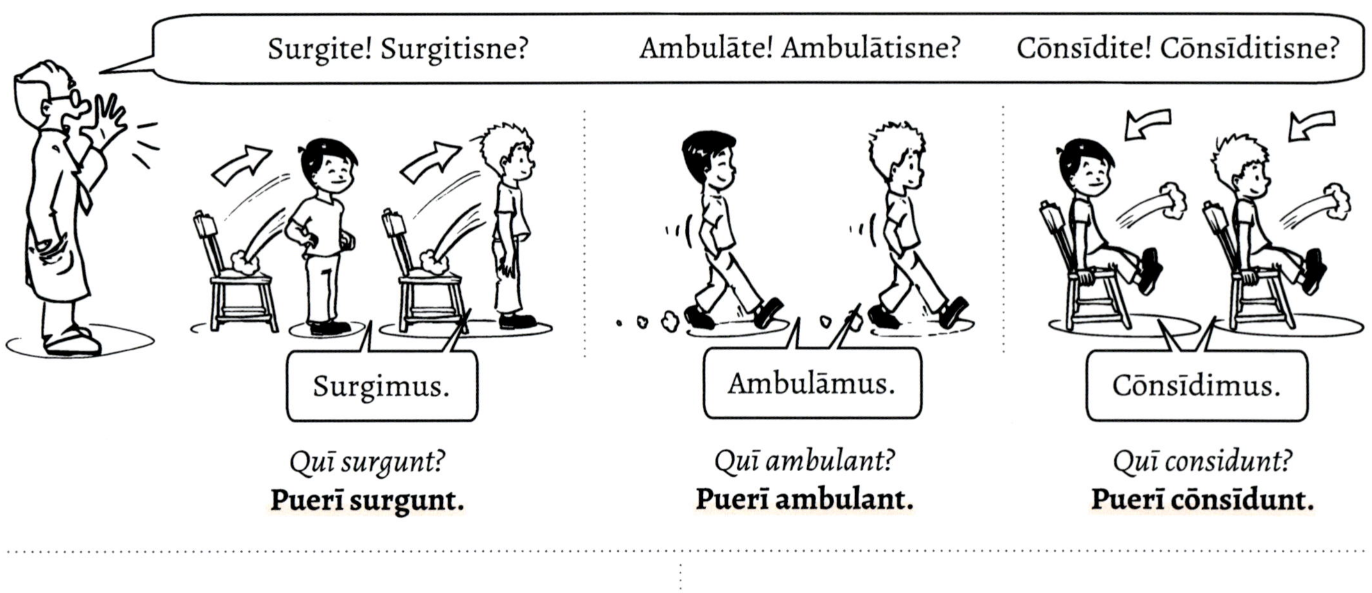

Quī surgunt?
Puerī surgunt.

Quī ambulant?
Puerī ambulant.

Quī consīdunt?
Puerī cōnsīdunt.

1

2

Puerī in mēnsā cōnsīdunt.

1
Nōlīte cōnsīdere in mēnsā!
In sellīs autem cōnsīdite!

2

Nōlīte Salīre hīc!
Salīte illīc!
HĪC

ILLĪC

VENĪTE!
Nōlīte abīre!

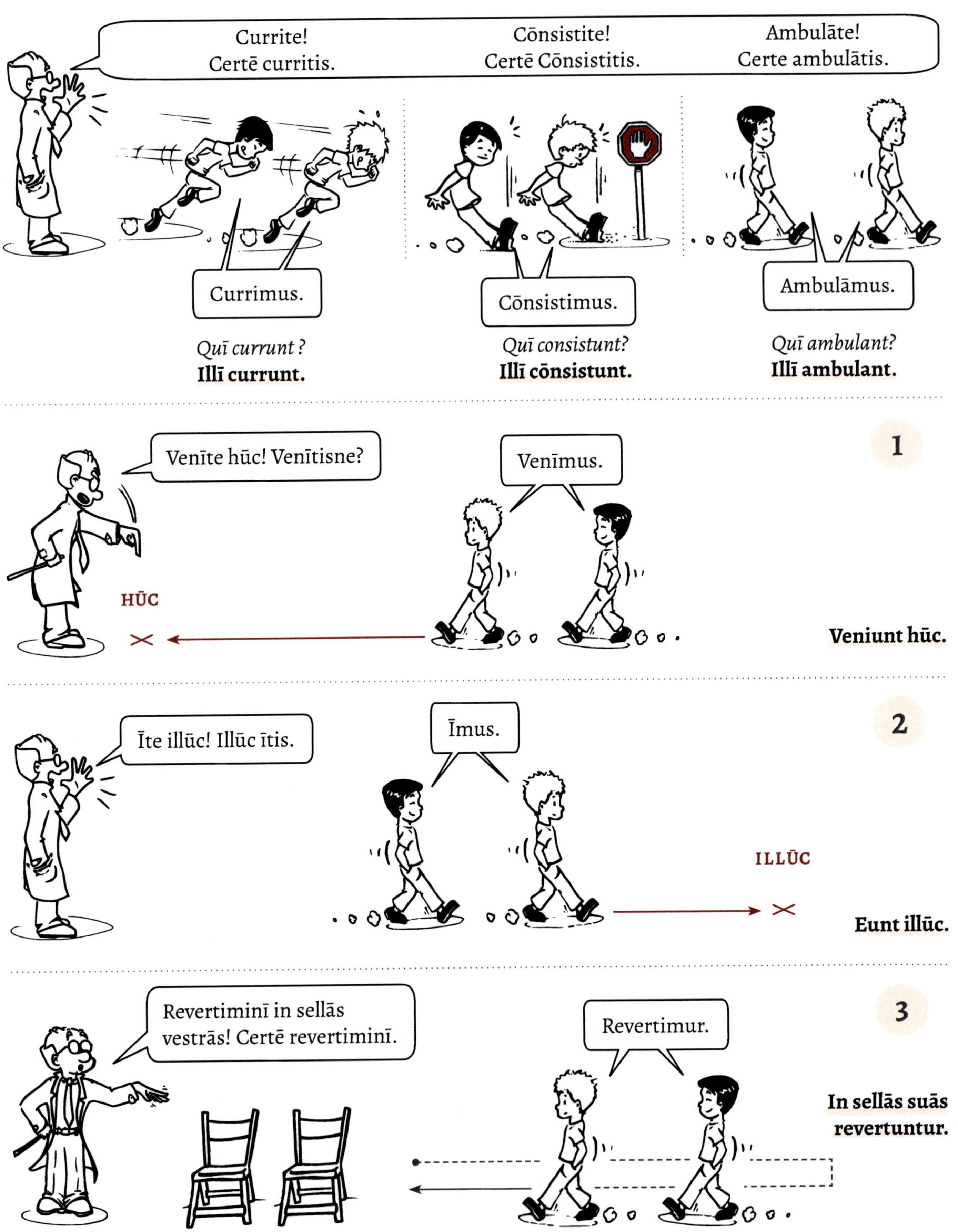

Currite!
Certē curritis.
Cōnsistite!
Certē Cōnsistitis.
Ambulāte!
Certe ambulātis.
Currimus.
Cōnsistimus.
Ambulāmus.
Quī currunt ?
Illī currunt.
Quī consistunt?
Illī cōnsistunt.
Quī ambulant?
Illī ambulant.
Venīte hūc! Venītisne?
Venīmus.
HŪC
Veniunt hūc.
Īte illūc! Illūc ītis.
Īmus.
ILLŪC
Eunt illūc.
Revertiminī in sellās vestrās! Certē revertiminī.
Revertimur.
In sellās suās revertuntur.

Ambulāte lentē!
Lentē ambulāmus.
Ambulāte celeriter!
Celeriter ambulāmus.
Currite lentē!
lentē currimus.
Currite celeriter!
Celeriter currimus.

Lentē curre!
Quōmodo currit?
Lentē currit.

Celeriter curre!
Quōmodo currit?
Celeriter currit.

Ambulāte celeriter!
Quōmodo ambulant?
Celeriter ambulant.

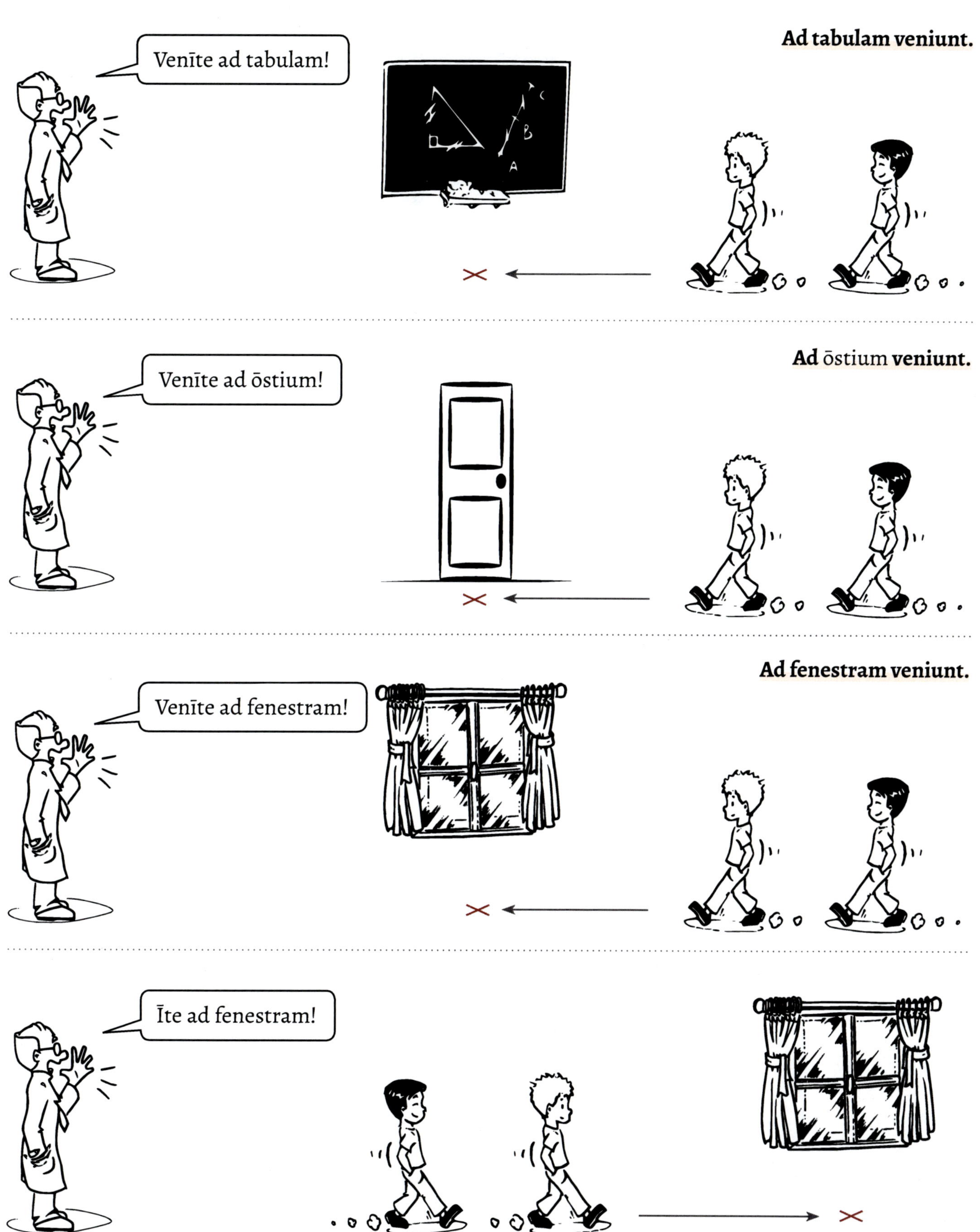

Venīte ad tabulam!
Ad tabulam veniunt.
Venīte ad ōstium!
Ad ōstium veniunt.
Venīte ad fenestram!
Ad fenestram veniunt.
Īte ad fenestram!
Ad fenestram eunt.

Surgunt.

Mulierem sequuntur.

Cōnsistunt.

Vertuntur.

Ad tabulam eunt.
Īte ad tabulam! Nōndum ītis?
Īmus.
In tabulā scrībunt.
Scrībite in tabulā! Nōndum scrībitis?
Scrībimus.
Dēlent.
Dēlēte! Nōndum dēlētis?
Dēlēmus.
Nōndum → ← Iam
Stephanus pedibus stat, Stephanus nōndum sedet.
Stephanus iam sedet.

Puerī in sellās ascendunt.

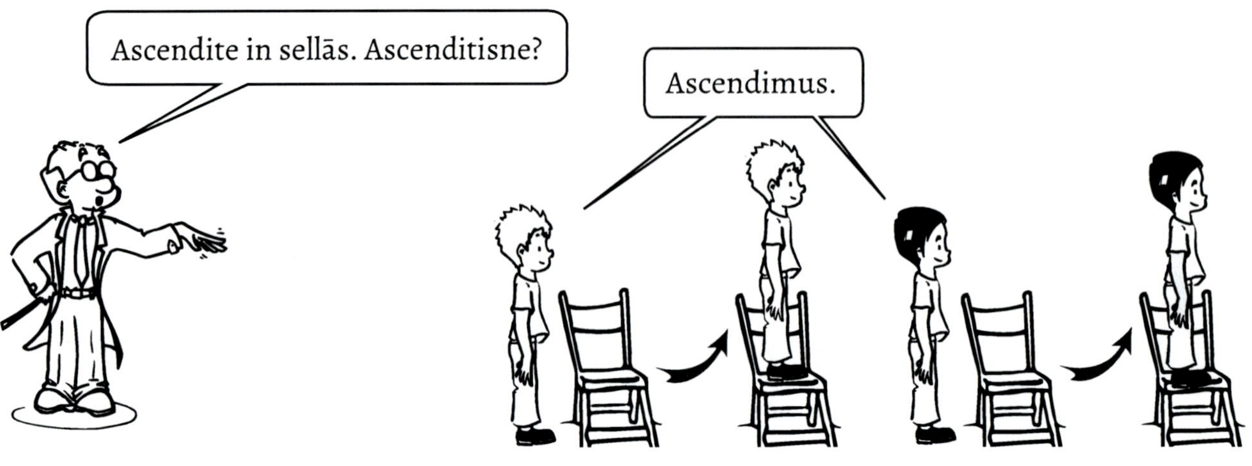

Ascendite in sellās. Ascenditisne?
Ascendimus.

Puerī dē sellīs descendunt.

Descendite dē sellīs. Quid facitis?
Descendimus.

Puerī saliunt.

Salīte. Quid facitis? Salītisne?
Salīmus.

1
Mulierēs ad fenestram eunt.
Īte ad fenestram. Quid facitis?
Quid facimus?
Ad fenestram īmus.
2
Quid faciunt mulierēs? Fenestrās aperiunt.
Aperīte fenestrās. Quid facitis?
Quid facīmus?
Fenestrās aperīmus.
3
Fenestrās claudunt.
Claudite fenestrās. Quid clauditis?
Fenestrās claudimus.

1
Exīte. Exītisne?
Exīmus.
Puerī exeunt.
2
Claudite ōstia. Quid clauditis?
Ōstia claudimus.
Ōstia claudunt.
3
Pulsāte ōstia. Quid pulsāte?
Ōstia pulsāmus.
Ōstia pulsant.
4
Aperīte ōstia. Quid aperītis?
Ōstia aperīmus.
Ōstia aperiunt.
5
Intrāte. Nōndum intrātis?
Intrāmus.
Intrant.

Quis mōnstrat?
Illae calamum mulierī mōnstrant.

Quis capit?
Illae calamum capiunt.

Puellae calamum in mēnsā pōnunt.

Puellae librum mulierī mōnstrant.

Librōs aperiunt.

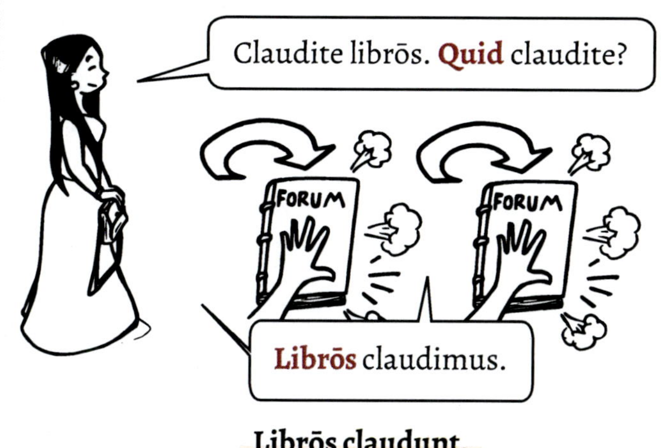

Librōs claudunt.

Pōnite librōs in mēnsā.
Quid pōnite in mēnsā?
Librōs pōnimus.
Mōnstrā mihi magistrum. 
Quem mihi mōnstrās?
Hunc tibi mōnstrō.
Mōnstrā mihi mulierem. 
Quam mihi mōnstrās?
Hanc tibi mōnstrō.
Mōnstrā mihi dōnum.
Quid mihi mōnstrās?
Hoc tibi monstrō.

Librōs tangunt.

Libellōs tangunt

Tangite calamōs.

Calamōs tangunt

Mēnsās tangunt

Pōcula tollunt.

Lagœnas tollunt.

Quam vidēs? Vidēsne mulierem?
Eam videō.
Quās vidēs? Vidēsne mulierēs?
Eās videō.
Quem vides? Vidēsne Nestorem?
Eum videō.
Vidēsne Nestorem et Nīcolāum? Quōs vidēs?
Eōs videō.
Ubi est pōculum?
?
Id nōn videō.
Ubi sunt pōcula?
?
Ea nōn videō.

Quaerite librōs vestrōs.
?
?
Discipulī librōs quaerunt.
Quī quaerunt librōs?
Date mihi librōs vestrōs.
Quid dant discipulī?
Librōs dant.
Puerum et puellam magister videt.
Quōs magister videt?
Puellās magister videt.
Quās magister videt?

Mōnstrā mihi hominem. Quem mihi mōnstrās?
Hunc tibi mōnstrō
E=MC²

Mōnstrā mihi mulierem. Quam mihi mōnstrās?
Illam tibi mōnstrō.

Mōnstrā mihi dōna. Quae mihi mōnstrās?
Hoc et illud tibi mōnstrō.
Illud
Hoc

Puerī illōs discipulōs magistrō mōnstrant.

Puerī illās discipulās magistrō mōnstrant.

Puerī illum magistrum mōnstrant.

Digitōs extendunt.

Digitōs contrahunt.

Bracchia extendunt.

Bracchia contrahunt.

Capita adtollunt.

Capita dēmittunt.

Crūs adtollunt.

Crūs dēmittunt.

Manum adtollunt.

Humerum adtollunt.

Humerum dēmittunt.

Ōs aperiunt.

Ōs claudunt.

Virī oculōs aperiunt.

Virī oculōs claudunt.

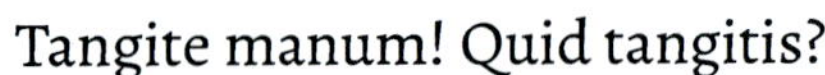

Puerī manum tangunt.

Nāsum tangunt.

Dentēs tangunt.

Caput tangunt.

1
Date mihi aera! Quid mihi datis?
Aera tibi damus.
Aera magistrō dant.

2
Capite aes! Quid capitis?
Aera capimus.
Aes capiunt.

3
Pōnite aera in mēnsīs! Quid pōnitis in mēnsīs?
Aera pōnimus.
Aera in mēnsīs pōnunt.

Tē videō.
Ita, mē vidēs.

Vōs videō.
Ita, nōs vidēs.

Puerī librōs suōs quaerunt.

Puerī librōs suōs magistrō dant.

Puerī librōs suōs capiunt.

Ōs aperiunt.

Clāmant.

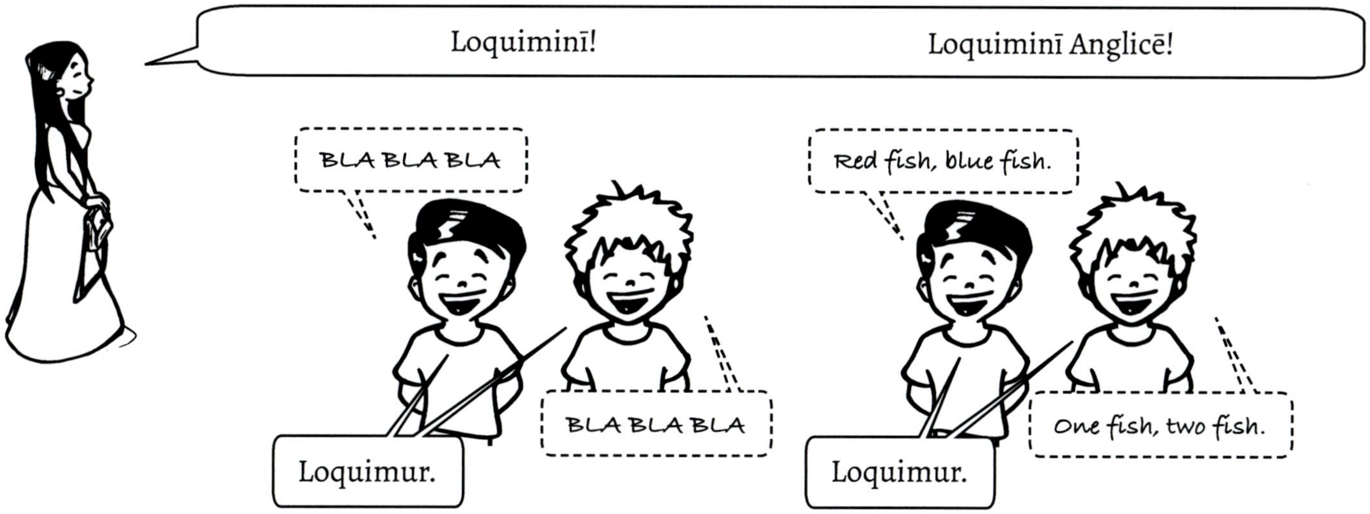

Anglicē loquuntur.

Gallicē loquuntur.

Graecē loquuntur.

* Quot calamōs habētis? Trēs calamōs habēmus.

** Quot librōs habētis? Quattuor librōs habēmus.

Salvē!
Quis salūtat?
Magister salūtat.
Salvē!
Magister discipulum salūtat.
Quem salūtat?
Dā mihi librum tuum!
Magistrō discipulus librum dat.
Cui discipulus librum dat?
Capite aes.
Quibus magister aes dat?
Discipulīs.

Tolle crūs tuum!
Crūs meum tollō.
Crūs suum tollit.
Tollite bracchium vestrum!
Bracchium nostrum tollimus.
Bracchium suum tollunt.
Pōne librum tuum in mēnsā!
Librum meum in mēnsā pōnō.
Discipula librum suum in mēnsā pōnit.
Pōnite librōs vestrōs in mēnsā!
Pōnimus librōs nostrōs in mēnsā.
Discipulae pōnunt librōs suōs in mēnsā.

**Nōn licet ferrī viam transīre /
Nōlīte ferrī viam transīre**

Licet viam transīre.

Cūr Quintus fessus est?
Quia iam multum tempus litterīs operam dat.*
* = Quod iam multum tempus litterīs operam dat.
Cūr Quintus sitit?
Quia iam multum tempus in arēnīs ambulat.**
** = Quod iam multum tempus in arēnīs ambulat.
Cūr magister īrāscitur?
Quia discipulus probātiōnem nōn expedīvit omnīnō.†
0/100 → 59/100 Stephanus probātiōnem nōn expedīvit.
60/100 → 100/100 Stephanus probātiōnem plānē expedīvit.
† = Quod discipulus probātiōnem nōn expedīvit omnīnō.
Cūr Marcia gaudet?
Quia multum tempus probātiōnī operam dedit et eam plānē expedīvit. ††
100
†† = Quod multum tempus probātiōnī operam dedit et eam plānē expedīvit

154

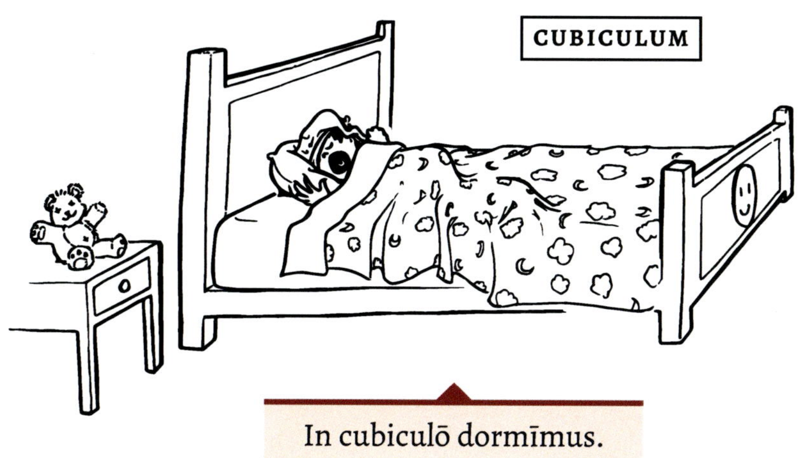

In cubiculō dormīmus.

In balneō lavāmur.

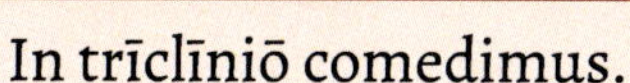

In trīclīniō comedimus.

Cibum in culīnā parāmus.

Tīmōn et Martha cum hospitibus
suīs in ātriō colloquuntur.

Medica in cellā scrīptōriā
cum aegrōtō colloquitur.

PRŌNŌMINA DĒMŌNSTRĀTĪVA

Quī hī ?		Quae hae ?	Quae haec ?
Hī sunt discipulī	Puerī	Hae sunt puellae	Haec sunt māla
Hī sunt calamī	Librī	Hae sunt sellae	Haec sunt vīna
Hī sunt magistrī	Virī	Hae sunt fenestrae	Haec sunt pōcula
Hī sunt libellī		Hae sunt mēnsae	Haec sunt folia
Hī sunt digitī		Hae sunt tabulae	Haec sunt telephōna

Hī sunt	Hae sunt	Haec sunt
hominēs	mulierēs	ōra
piscēs	manūs	capita
		crūra

Aperī / Claude / Mōnstrā / Tange / Cape / Ī ad / Intrā in ….			
hās fenestrās	hōs calamōs	hōs magistrōs	haec māla
hās sellās	hōs discipulōs	hōs librōs	haec pōcula
hās mēnsās	hōs libellōs	hōs virōs	haec bracchia
hās discipulās	hōs digitōs		haec telephōna

Aperī / Claude / Mōnstrā / Tange / Cape / Ī ad / Intrā in ….			
hās mulierēs	hōs hominēs	hōs piscēs	haec ōra
hās manūs		hōs dentēs	haec capita
			haec crūra
			haec aera

Masculīnus	Fēminīnus	Neuter
Hī/ Illī sunt puerī	Hae / illae sunt puellae	Haec sunt māla
Hōs puerōs videō	Hās / illās videō	Haec māla videō

Masculīnus	Fēminīnus	Neuter
Quis est ? Is abest	Ea abest	Id abest
Ubi est ? Eum nōn videō.	Eam nōn videō	Id nōn videō
Quī sunt ? Eī/iī absunt	Eae absunt	Ea absunt
Ubi sunt ? Eōs nōn videō.	Eās nōn videō	Ea nōn videō

IMPERĀTĪVUS PRAESĒNS PLŪRĀLIS

	I	II	IIIa	IIIb	IV			
(Tū)	Ambulā!	Dēlē!	Lege!	Cape!	Venī!	Ī!	Nōlī!	Sequere!
(Vōs)	Ambulāte!	Dēlēte!	Legite!	Capite!	Venīte!	Īte!	Nōlīte!	Sequiminī!

INDICĀTĪVUS PRAESĒNS PLŪRĀLIS

	I	II	IIIa	IIIb	IV		I	IIIa
(Nōs)	Ambulāmus	Dēlēmus	Legimus	Capimus	Venīmus	Īmus	Īrāscimur	Sequimur
(Vōs)	Ambulātis	Dēlētis	Legitis	Capitis	Venītis	Ītis	Īrāsciminī	Sequiminī
(Illī/ Illae)	Ambulant	Dēlent	Legunt	Capiunt	Veniunt	Eunt	Īrāscuntur	Sequuntur

I	II	IIIa	IIIb	IV		III
Stō	Videō	Scrībō	Capiō	Inveniō	Exeō	Loquor
Dō	Doceō	Surgō	Accipiō	Aperiō	Abeō	Vertor
Pulsō		Edō		Saliō	Redeō	Revertor
Intrō		Bibō			Transeō	
Expectō		Currō				
Cūrō		Cōnsistō				
Clāmō		Cōnsīdō				
Latrō		Claudō				

I	II	IIIa	IIIb	IV		III
Sībilō		Descendō				
		Ascendō				
		Coquō				
		Induō				
		Quaerō				
		Canō				

OMNĒS, QUISQUE, NŪLLUS, NŌNNŪLLĪ

Masculīnus	Fēminīnus	Neuter
Omnēs virī stant	Omnēs mulierēs stant	Omnia pōcula stant
Quisque subrīdet	Quaeque subrīdet	Quidque stat
Nūllus sedet	Nūlla sedet	Nūllum abest
Nōnnūllī veniunt	Nōnnūllae veniunt	Nōnnūlla absunt

PLACET

Placet mihi vīnum, hunc vīnum mālō	Ego
Placet tibi birota, hanc birotam māvīs	Tū
Placet illi horologium, hoc horologium māvult	Ille
Placet illī raeda, hanc raedam māvult	Illa

PRŌNŌMINA INTERROGĀTĪVA

Singulāris	Masculinus	Fēminīnus	Neuter
Nōminātīvus	Quis librum legit?	Quae librum legit?	Quid tibi accidit?
	Magister librum legit	Magistra librum legit	Aestuō. Hoc mihi accidit
Accūsātīvus	Quem vidēs?	Quam vidēs?	Quid vidēs?
	Magistrum videō	Magistram videō	Pōculum videō
Datīvus	Cui scrībit?		
	Puerō scrībit	Puellae scrībit	Valētūdināriō scrībit

Plūrālis	**Masculinus**	**Fēminīnus**	**Neuter**
Nōminātīvus	Quī librōs legunt?	Quae librōs legunt?	Quae tibi accidunt?
	Magistrī librōs legunt	Magistrae librōs legunt	Aestuō et sitiō. Haec mihi accidunt
Accūsātīvus	Quōs vidēs?	Quās vidēs?	Quae vidēs?
	Magistrōs videō	Magistrās video	Pōcula videō
Datīvus	Quibus scrībit?		
	Puerīs scrībit	Puellīs scrībit	Valētūdināriīs scrībit

PRŌNŌMINA PERSŌNĀLIA

Nōminātīvus	Ego, Philippus sum	Tū, Rosa es	Nōs, discipulī sumus	Vōs discipulae estis
Accūsātīvus	Mē vidēs	Tē videō	Nōs vidēs	Vōs vidēmus
Datīvus	Mihi scrībis	Tibi scrībō	Nōbīs scrībis	Vōbīs scrībō

ADJECTĪVA POSSESSĪVA

Singulāris		**Masculīnus**	**Fēminīnus**	**Neuter**
Prīma persōna		librum meum	bulgam meam	bracchium meum
Secunda persōna	Videt	librum tuum	bulgam tuam	bracchium tuum
Tertia persōna		librum suum	bulgam suam	bracchium suum

Plūrālis		**Masculīnus**	**Fēminīnus**	**Neuter**
Prīma persōna		librōs meōs	bulgās meās	bracchia mea
Secunda persōna	Videt	librōs tuōs	bulgās tuās	bracchia tua
Tertia persōna		librōs suōs	bulgās suās	bracchia sua

DĒ VERBĪS «LICĒRE» ET «SINERE»

Licet / Nōn licet viam transīre

Licet/ Nōn licet mihi intrāre

Sinō / Nōn sinō tē intrāre

Cūr magister īrāscitur?	Quia discipulus perīculum nōn superāvit
Quōmodo ambulat?	Celeriter / lentē ambulat

DĒ VARIĪS INTERROGĀTIŌNIBUS

5 Actiōnēs frequentēs et actiōnēs praeteritās

FREQUENT ACTIONS, PAST ACTIONS

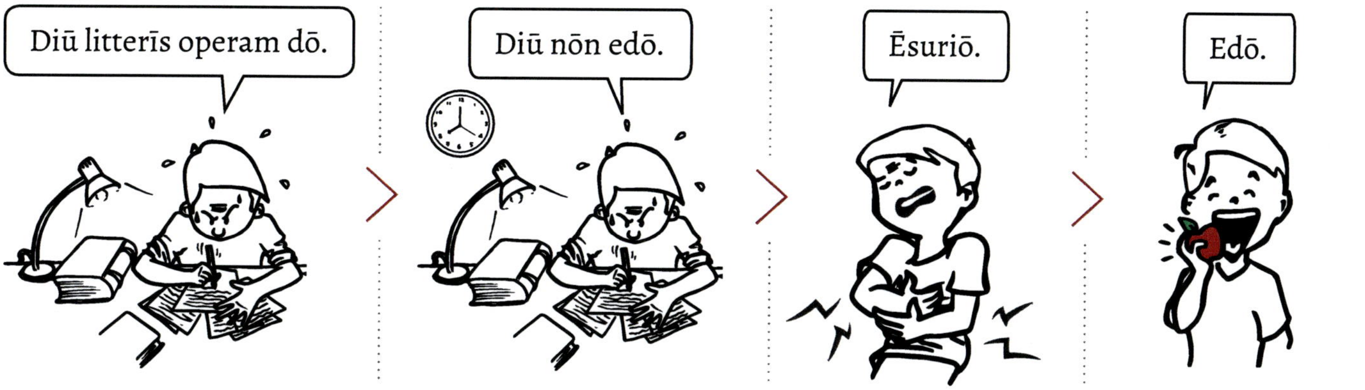

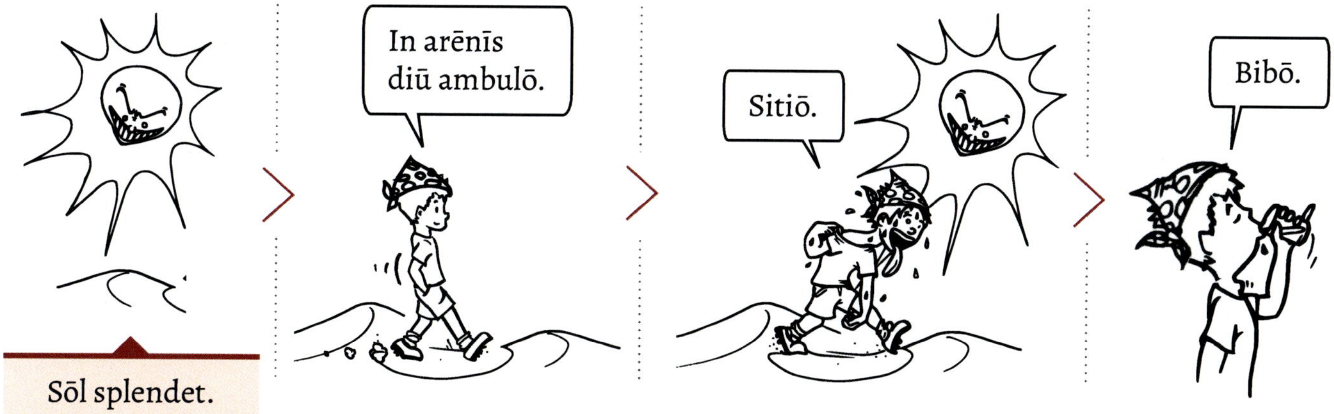

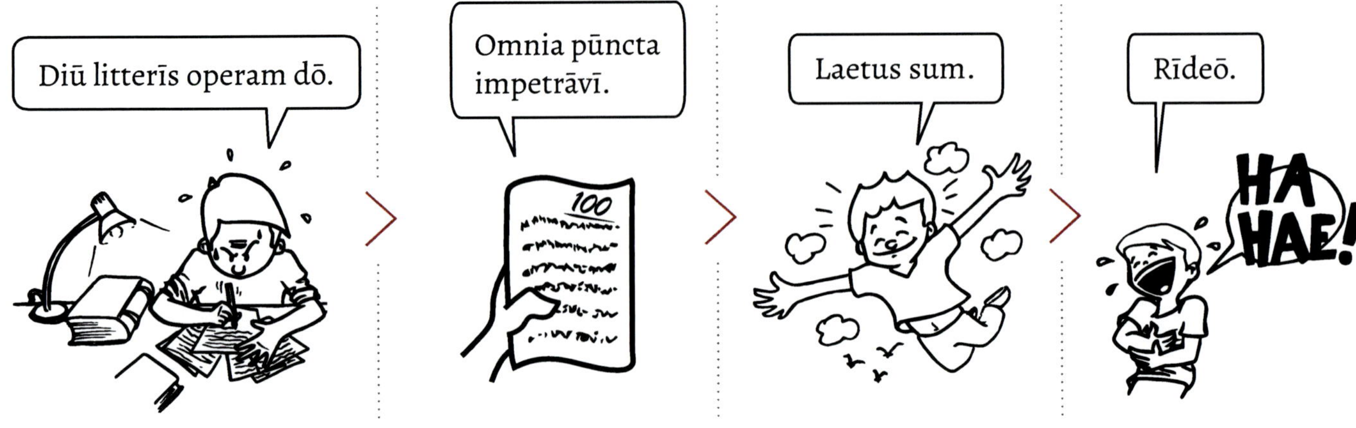

Diū litterīs operam dō.
Omnia pūncta impetrāvī.
Laetus sum.
Rīdeō.
HA HAE!

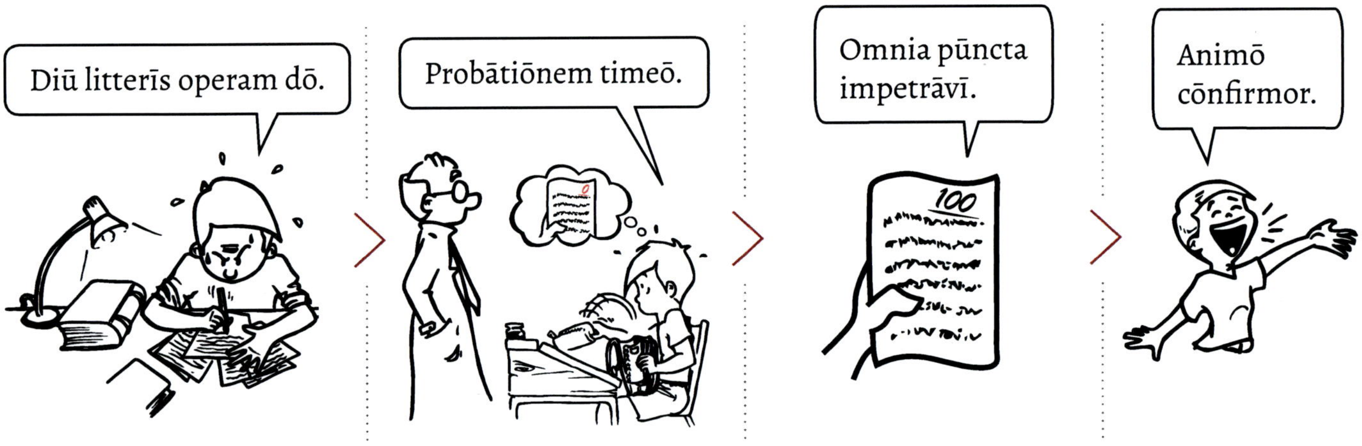

Diū litterīs operam dō.
Probātiōnem timeō.
Omnia pūncta impetrāvī.
Animō cōnfirmor.

Piger sum.
Nūllum pūnctum impetrāvī.
Trīstis sum.
Plōrō.

Pulchram puellam videō.
Amōre puellae capior.
Eam ad cēnam invītō.
Amōre puellae capior.
Amōrem meum eī dīcō.
Mē amat et eam amō.
Laetus sum.
Scholae mē taedet.
Bla Bla Bla
Magister taediōsus est.
Lēctiōnis mē taedet.

163

Scholae intersum.
Magister scholā suā nōs dēlectat.
AUDĪTŌRIUM.
AUDĪTŌRIUM.
Scholā dēlector.
Mē lectiōnis taedet > < Scholā dēlector
AURIS
Aurēs adrīgō, magistrum interrogō.

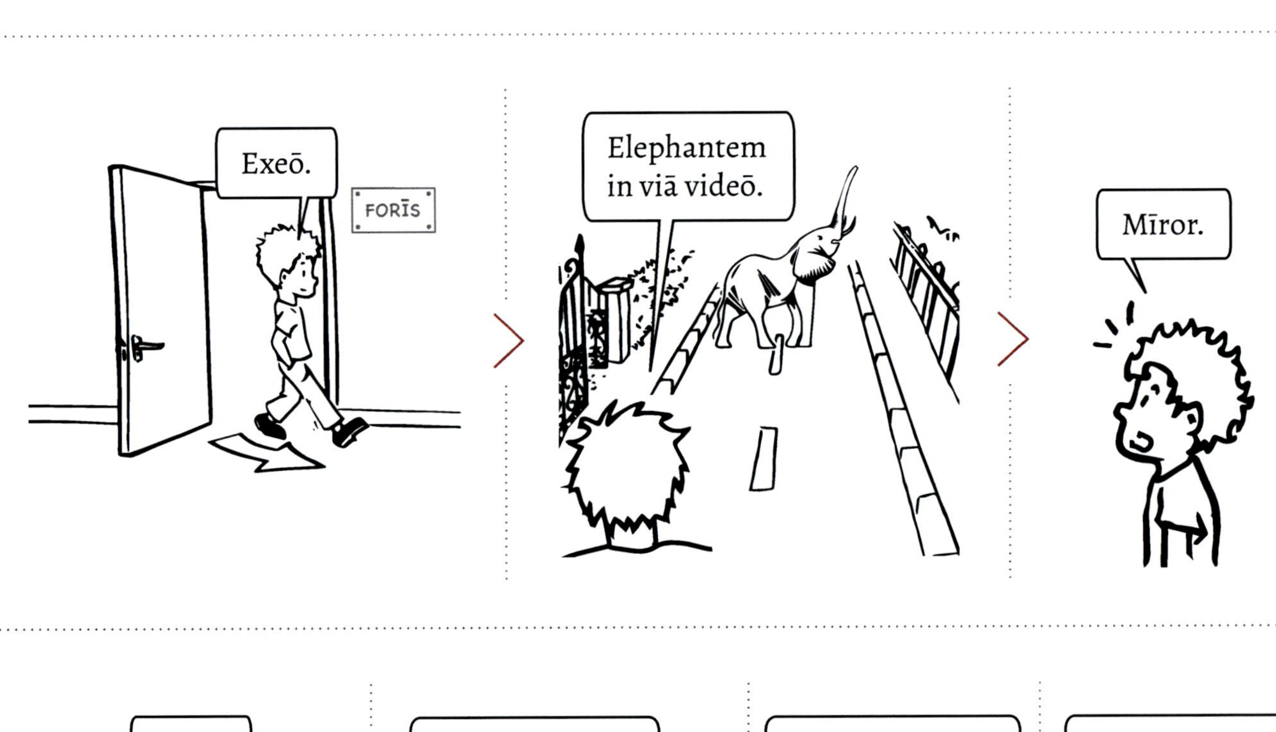
Exeō.
FORĪS
Elephantem in viā videō.
Mīror.

Exeō.
FORĪS
Umbram videō.
Vīsiōne terreor.
Mē abscondō.

C DĒ «QUANDŌ» CONJŪNCTIŌNE ALIĪSQUE TEMPORĀLIBUS ADVERBIĪS

Quandō puerī ad scholam eunt?
Cottīdiē.

Quandō Nīcolāus bibit?
Saepe.

*Quandō Philippus mātūrē
ad lūdum pervenit?*
Numquam.

*Quandō Philippus et Alexander
in natātiōne natant?*
Aliquando.

*Quandō Albānus pēnsum
magistrō dat?*
Tertiō quōque diē.

*Quamdiū discipulī litterīs operam
dant?*
Tōtum diem.

Quamdiū Philippus dormit?
Tōtam noctem.

Cottīdiē

Numquam

Aliquando

Saepe

Tertiō quōque diē

Tōtam noctem
8pm → 6am

Tōtum diem
8am → 6pm

Quando Philippus in natātiōne natat?
Semel in hebdomade , fēriā secundā.

Quando Albānus pēnsum magistrō reddit?
Bis in hebdomade, fēriīs tertiā et sextā.

Quando puerī in lūdum eunt?
Cottīdiē (praeter bīduum ōtiōsum) : fēriīs enim secundā, tertiā, quartā, quīntā, sextā.

Quando Stephanus in hortum it?
Semel in hebdomade, diē Dominī[1].

FĀSTĪ PĀGĀNORUM	FĀSTĪ CHRĪSTIĀNŌRUM
LŪNAE DIĒS	FĒRIA SECUNDA
MĀRTIS DIĒS	FĒRIA TERTIA
MERCURIĪ DIĒS	FĒRIA QUARTA
JOVIS DIĒS	FĒRIA QUĪNTA
VENERIS DIĒS	FĒRIA SEXTA
SĀTURNĪ DIĒS	SABBATUM
SŌLIS DIĒS	DIĒS DOMINICA

Semel = 1×
Bis = 2×
Ter = 3×

---

[1] Pāgāna hebdomadis nōmina (Lūnae diēs, Mārtis diēs, etc.) frequentiōra sunt Latīnā classicōrum auctōrum linguā.

Quando Stephanus cucurrit?
Nūdius tertius.

Quando Stephanus ambulāvit?
Herī.

Quando Stephanus in hortō currit?
Hodiē.

*Quando Philippus in
natātiōne est natātūrus?*
Crās.

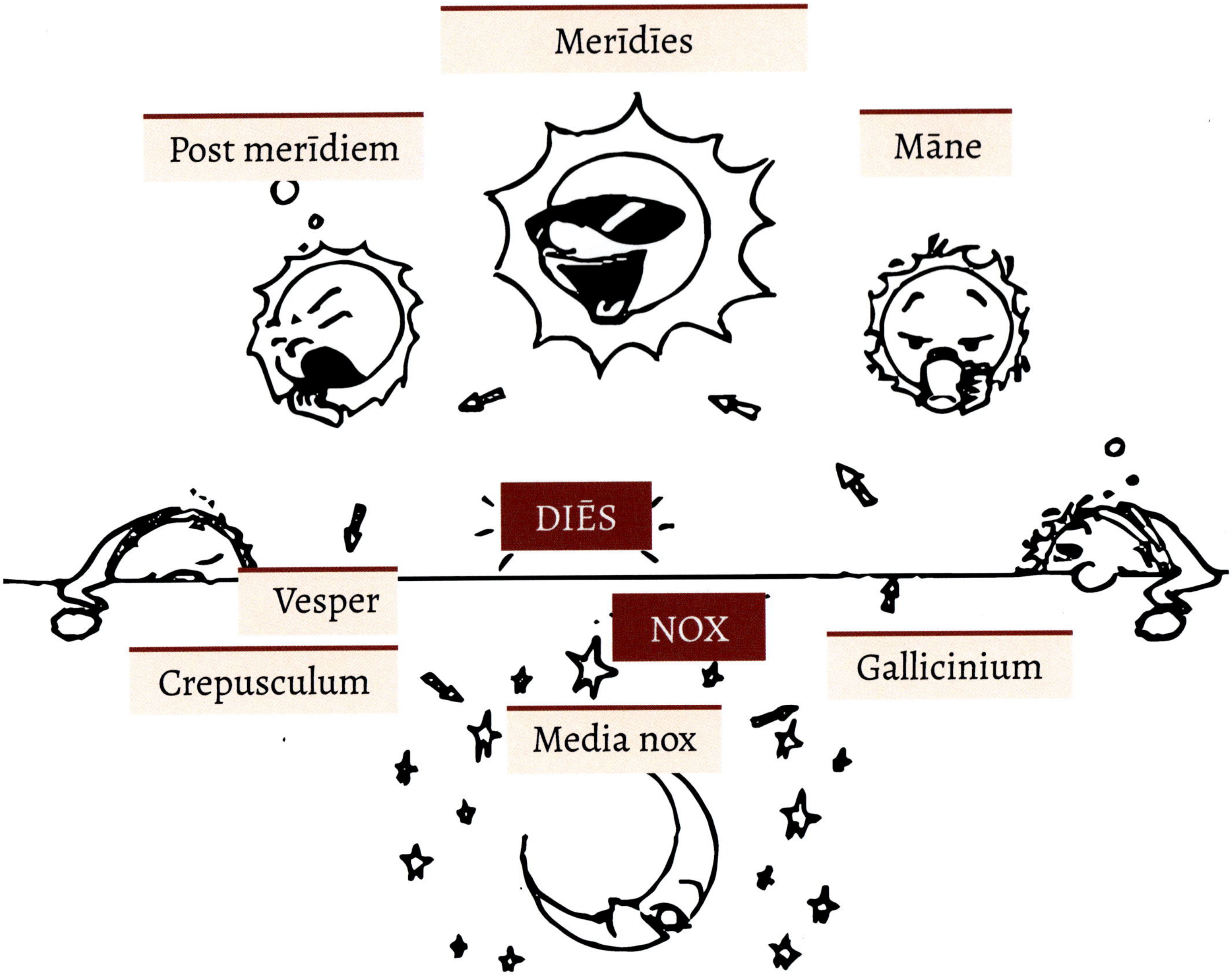

Merīdīes

Post merīdiem

Māne

DIĒS

Vesper

NOX

Crepusculum

Gallicinium

Media nox

Quando sōl orītur?
Prīmā lūce.

Quando sōl in mediō caelō est?
Merīdiē.

Quando sōl occidit?
Vesperī.

Quando sōl splendet?
Māne.

Quando fiunt calōrēs?
Post merīdiem.

Māne.
Quando surgis ē lectō?

Nunc, octāva hōrā.
Quotā hōrā vestīris?

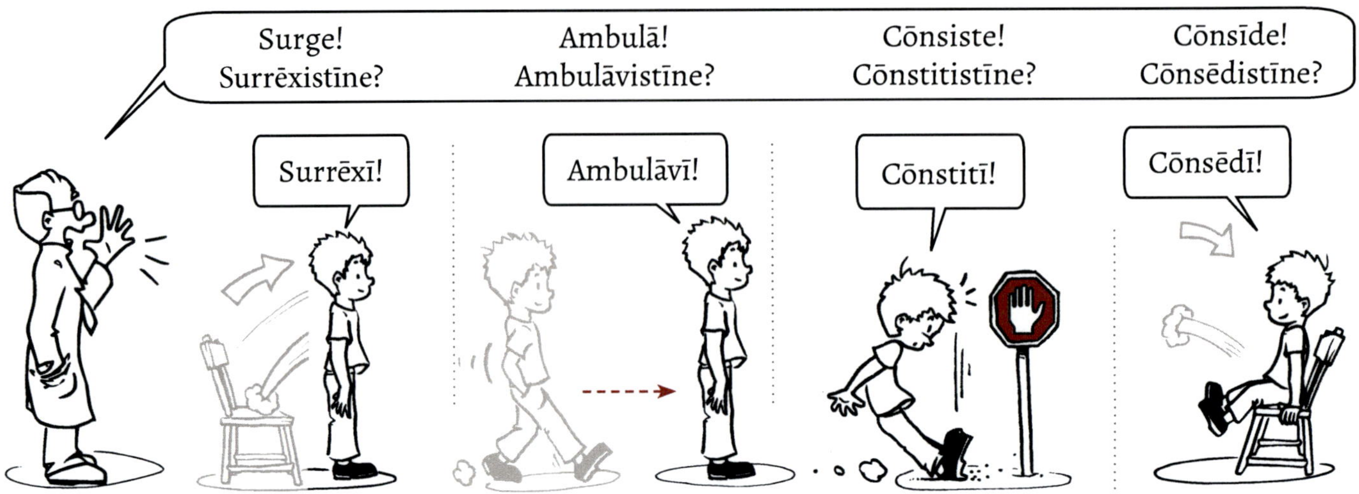

Herī Stephanus **surrēxit, ambulāvit, cōnstitit, cōnsēdit.**

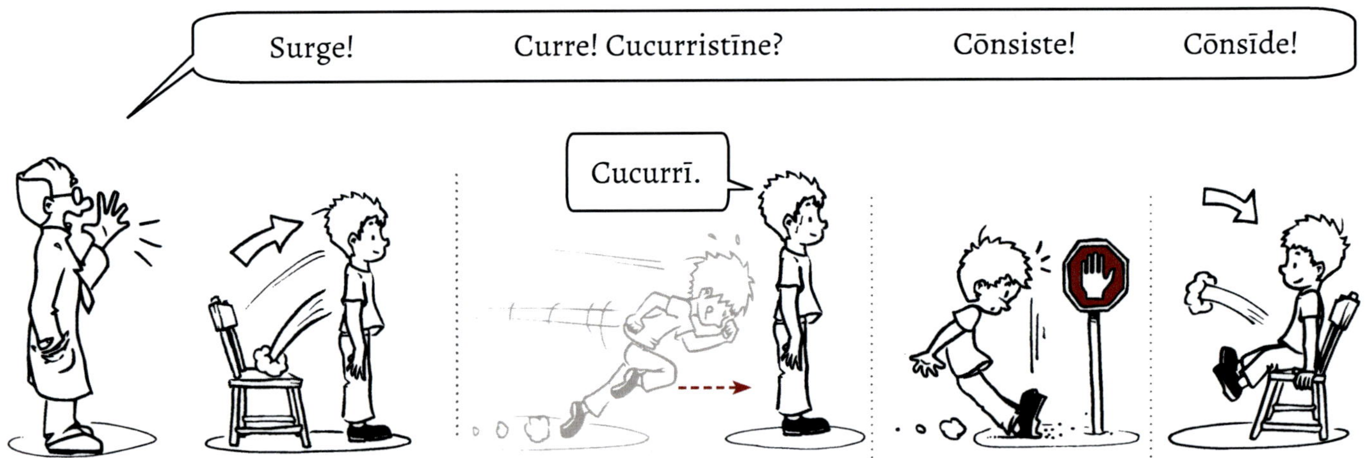

Herī Stephanus **surrēxit, cucurrit, cōnstitit, cōnsēdit.**

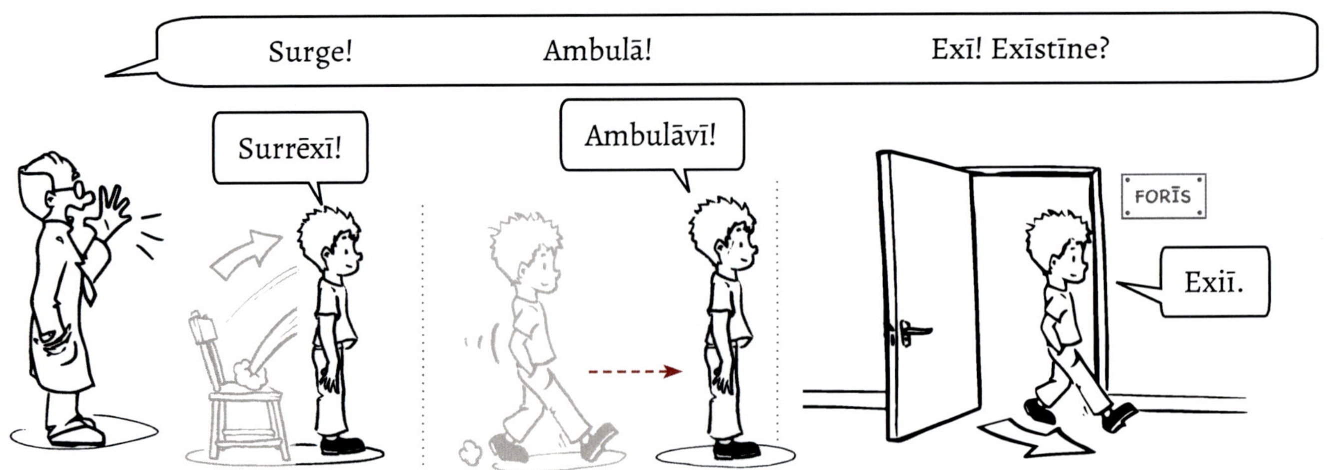

Herī Stephanus **surrēxit, ambulāvit, exiit.**

Herī Stephanus **iit ad tabulam, in tabulā scripsit, ad sellam suam revertit.**

1

2

3

4

Stephanus **surrēxit, puellam secūtus est, cucurrit, cōnsēdit.**

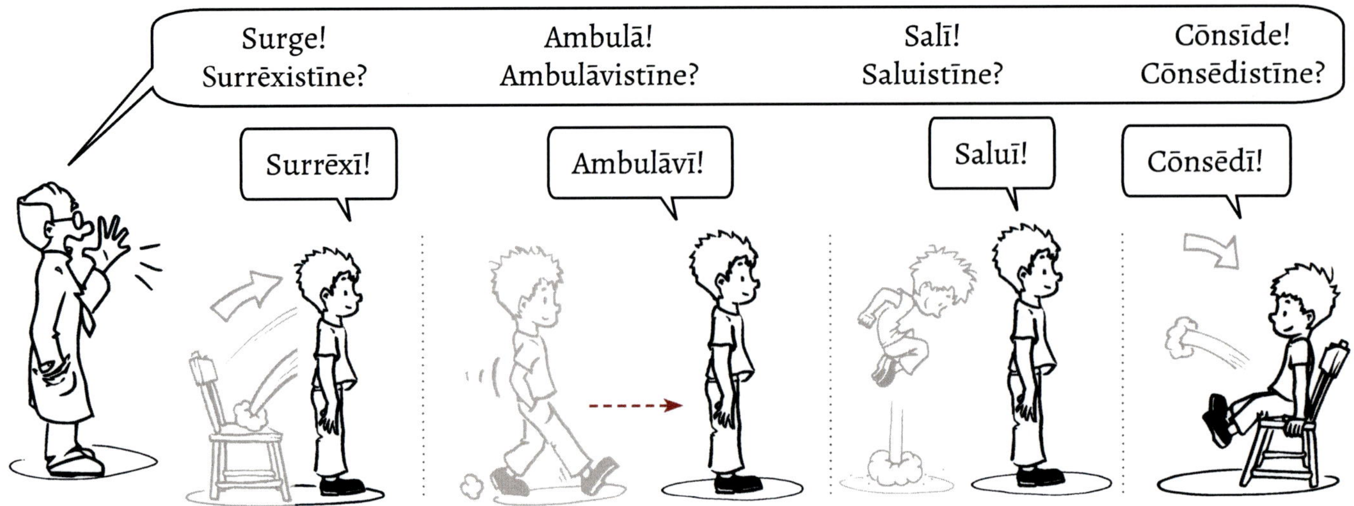

Herī Stephanus **surrēxit, ambulāvit, saluit, cōnsēdit.**

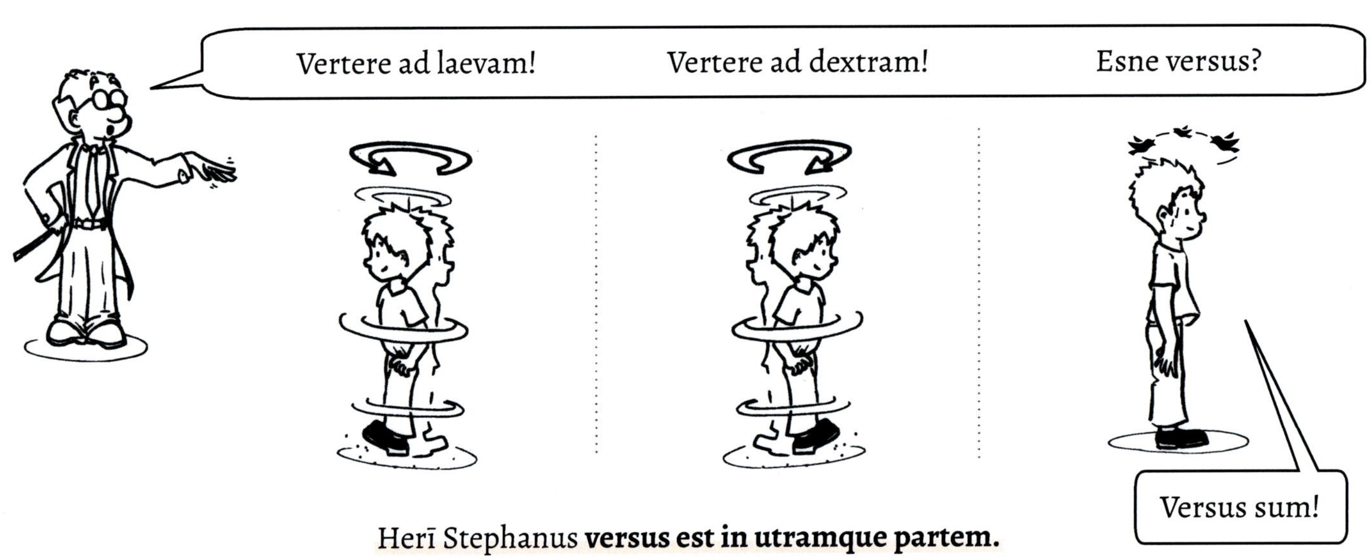

Herī Stephanus **versus est in utramque partem.**

Surge! Surrēxistīne?
Surrēxī!

Sequere mē! Mēne secūtus es?
Tē secūtus sum!

Vertere! Esne versus?
Versus sum!

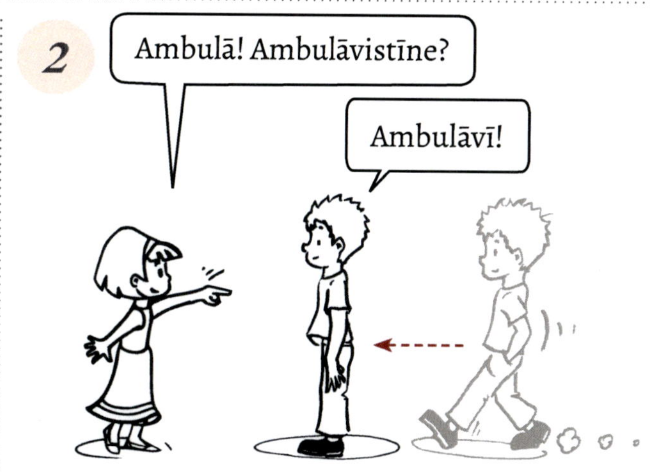

Ambulā! Ambulāvistīne?
Ambulāvī!

Abī! Abīstīne?
Abiī!

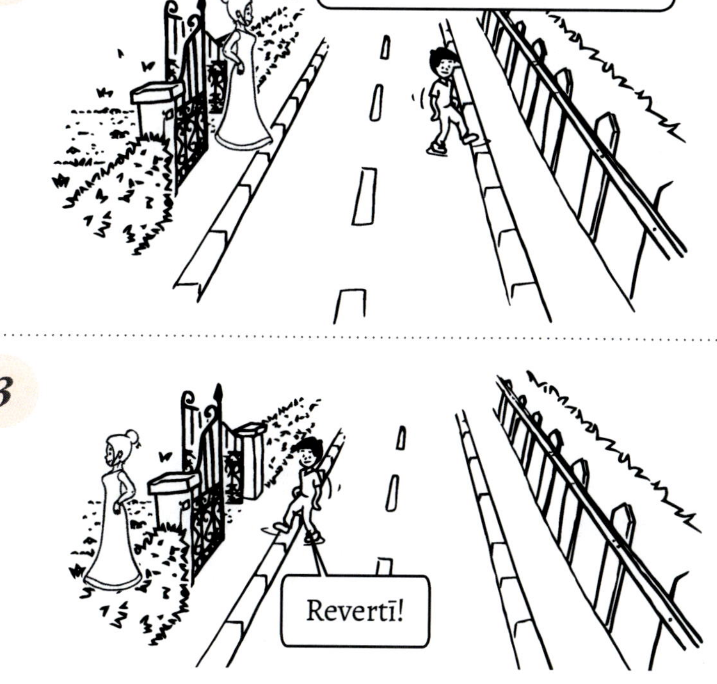

Revertere! Revertistīne?
Revertī!

Stephanus **adhūc ascendit.**

Stephanus **adhūc dēscendit.**

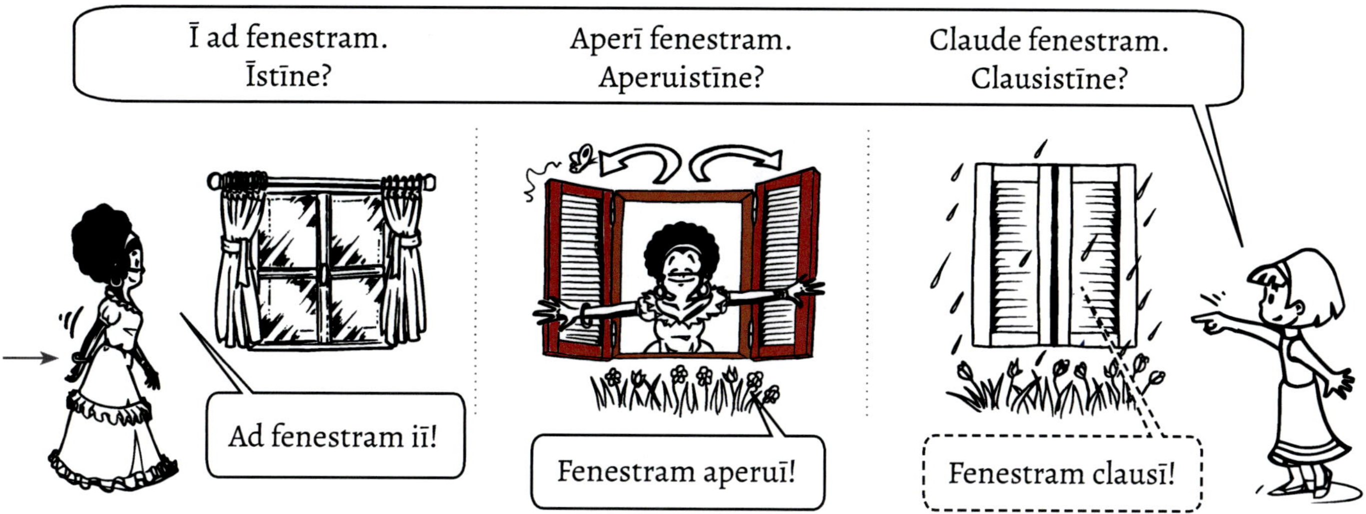

Fausta ad fenestram **iit et eam aperuit et clausit.**

Stephanus ad ōstium **iit, ōstium aperuit, exiit forās.**

Stephanus ōstium **pulsāvit.**

Stephanus ōstium **aperuit.**

Stephanus in conclāve **intrāvit.**

Stephanus ōstium **clausit.**

Stephanus ōstium **aperuit.**

Stephanus ē conclāvī **exiit** forās.

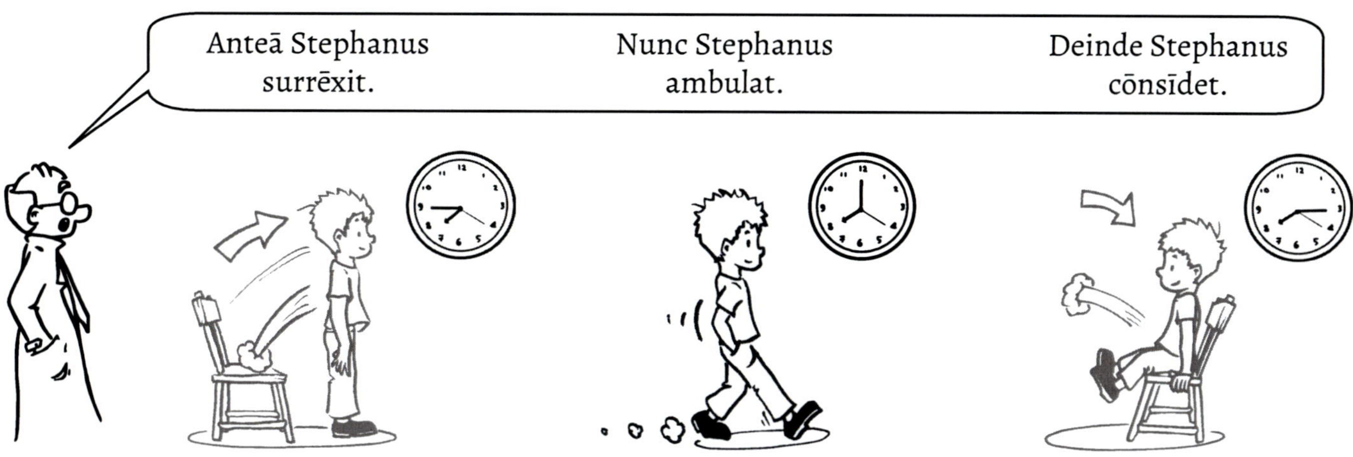

Anteā Stephanus surrēxit.
Nunc Stephanus ambulat.
Deinde Stephanus cōnsīdet.

Anteā Stephanus ōstium pulsāvit.
Nunc Stephanus ōstium aperit.
Deinde Stephanus exībit.

Prīmum surgō.
1

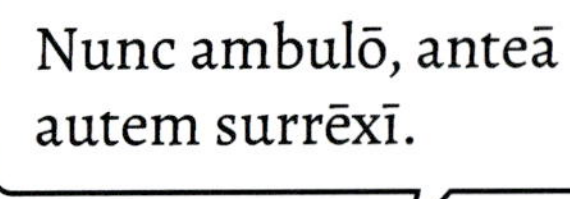

Nunc ambulō, anteā autem surrēxī.

Nunc cōnsistō, anteā autem ambulāvi.
2
3

Nunc sedeō, anteā autem cōnstitī.
4

Nunc sedēs, quid autem fēcistī anteā?
Anteā autem cōnstitī.

Quid autem fēcistī anteā?
Anteā ambulāvī.

Quid autem fēcistī anteā?
Anteā surrēxī.

Prīmum ōstium pulsō.
1

Modo ōstium pulsāvī.
2
Intrā.

Nunc ōstium aperiō, anteā autem vōcem magistrī expectāvī dīcentem: "Intrā!"
3

4
Nunc intrō. Anteā autem ōstium aperuī.

5
Aperuistīne iānuam prīmum?
Minimē! Anteā ōstium pulsāvī et expectāvī vocem magistrī dīcentem: "Intrā!"

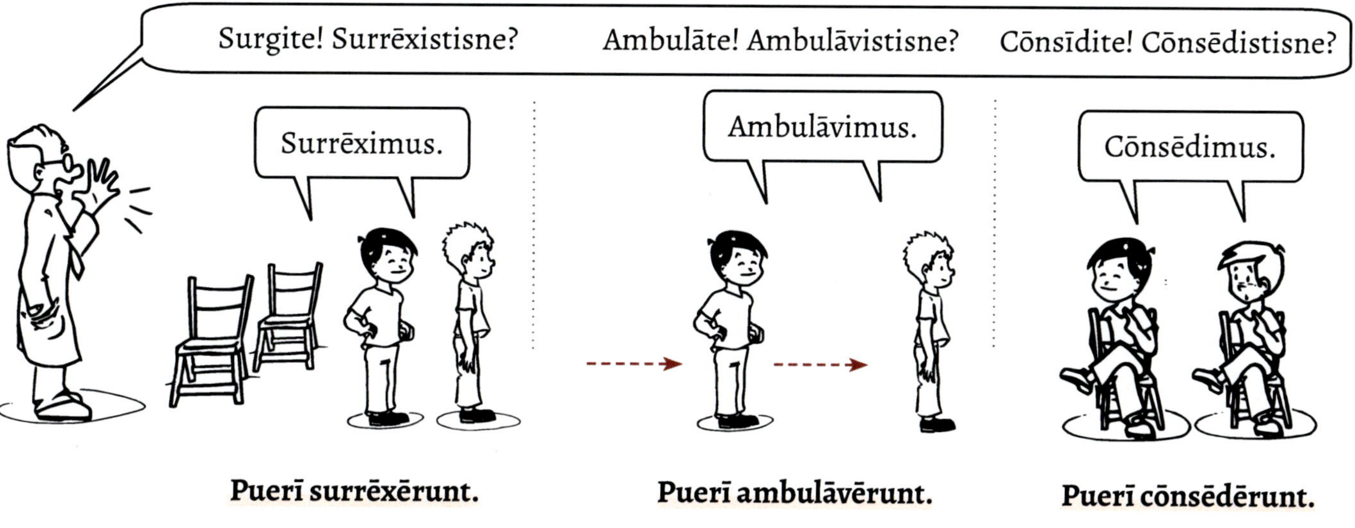

Puerī surrēxērunt.   **Puerī ambulāvērunt.**   **Puerī cōnsēdērunt.**

1

2

Puerī in mēnsā cōnsēdērunt.

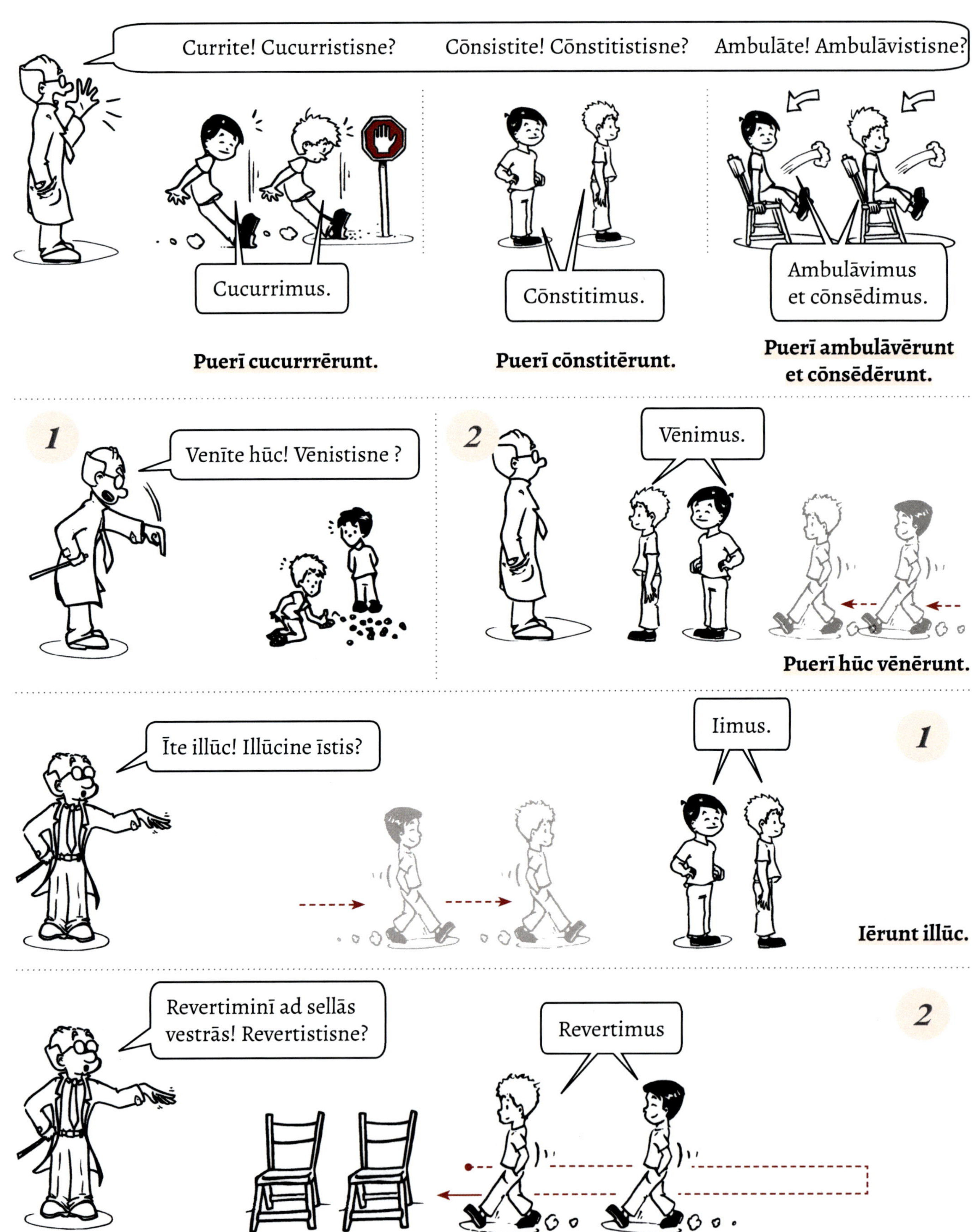

Currite! Cucurristisne?
Cōnsistite! Cōnstitistisne?
Ambulāte! Ambulāvistisne?
Cucurrimus.
Cōnstitimus.
Ambulāvimus et cōnsēdimus.
Puerī cucurrrērunt.
Puerī cōnstitērunt.
Puerī ambulāvērunt et cōnsēdērunt.
1
Venīte hūc! Vēnistisne?
2
Vēnimus.
Puerī hūc vēnērunt.
Īte illūc! Illūcine īstis?
Iimus.
1
Iērunt illūc.
Revertiminī ad sellās vestrās! Revertistisne?
Revertimus
2
In sellās suās revertērunt.

Puerī ē sellīs surrexērunt et mulierem secūtī sunt.

Puerī cōnstitērunt et versī sunt.

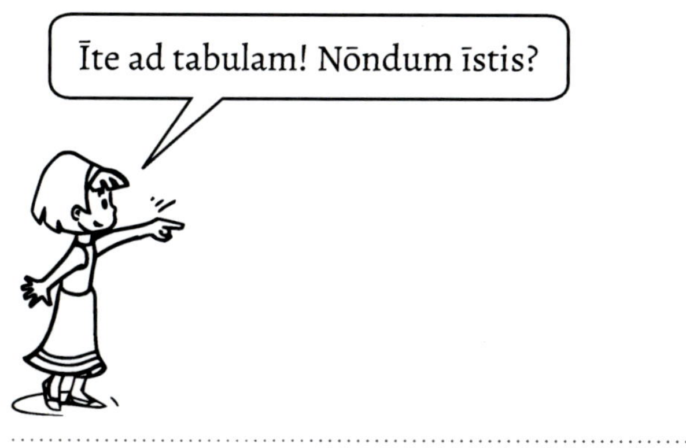

Puerī ad tabulam iērunt.

Puerī in tabulā scrīpsērunt.

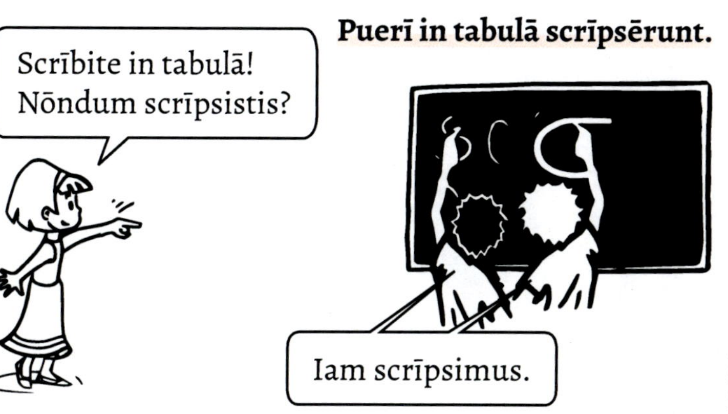

Puerī dēlēvērunt.

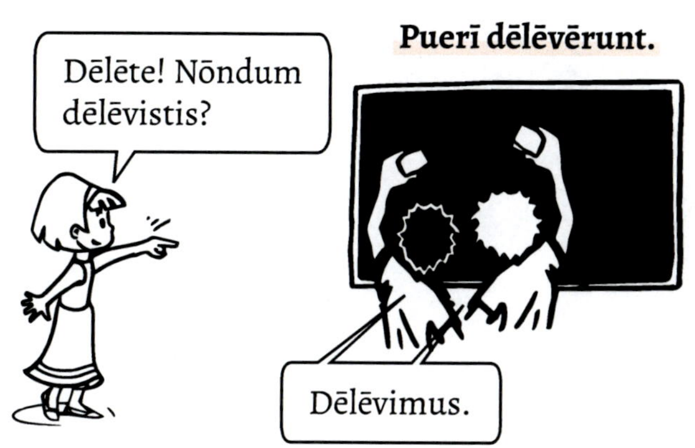

Puerī in sellās ascendērunt.
Ascendimus.
Ascendite in sellās. Ascendistisne ?

Puerī dē sellīs dēscendērunt.
Dēscendite dē sellīs. Quid fēcistis?
Dēscendimus.

Salīte. Quid fēcistis? Saluistisne?

Puerī saluērunt.

Saluimus.

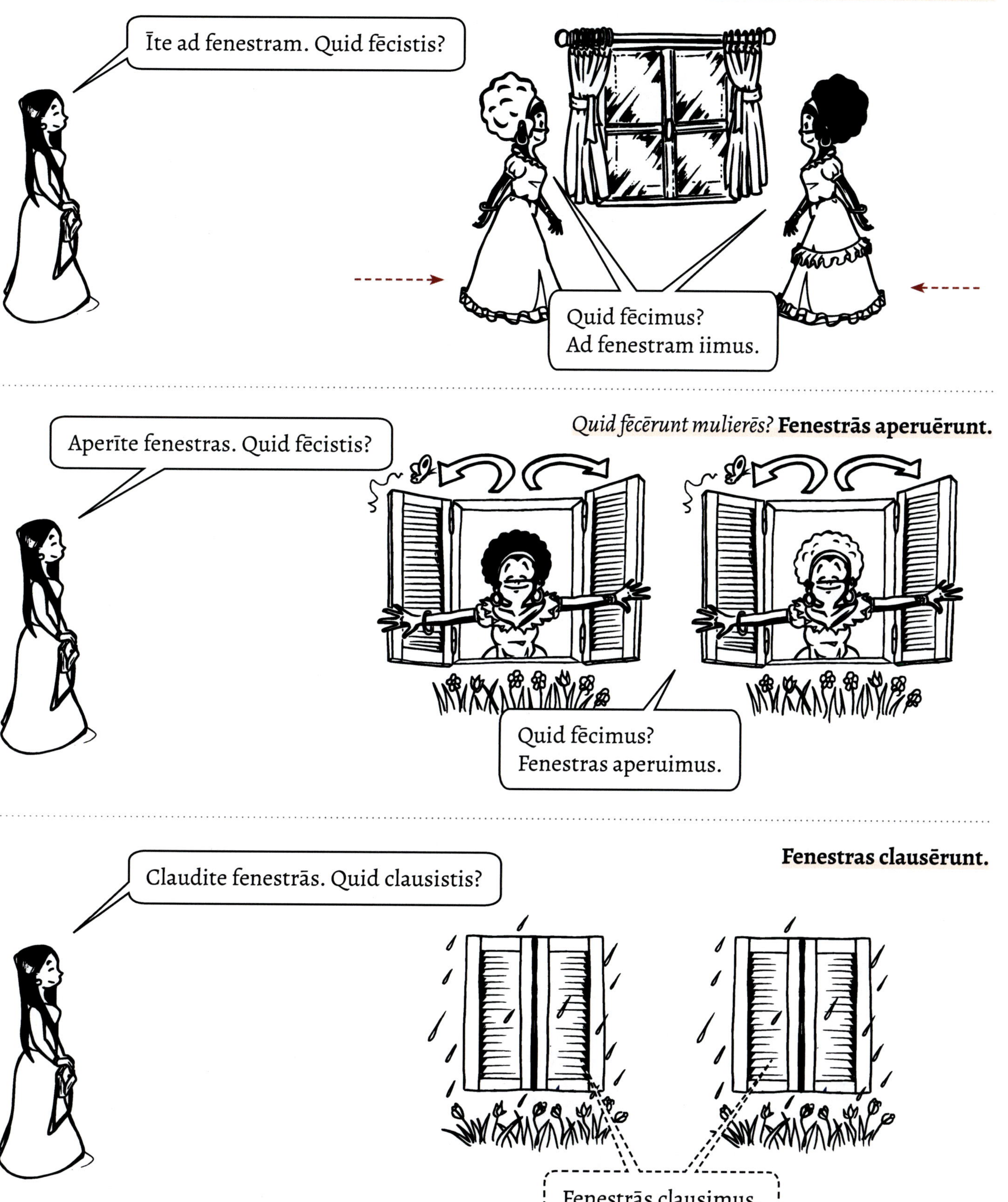
Mulierēs ad fenestram iērunt.
Īte ad fenestram. Quid fēcistis?
Quid fēcimus?
Ad fenestram iimus.
Quid fēcērunt mulierēs? Fenestrās aperuērunt.
Aperīte fenestras. Quid fēcistis?
Quid fēcimus?
Fenestras aperuimus.
Fenestras clausērunt.
Claudite fenestrās. Quid clausistis?
Fenestrās clausimus.

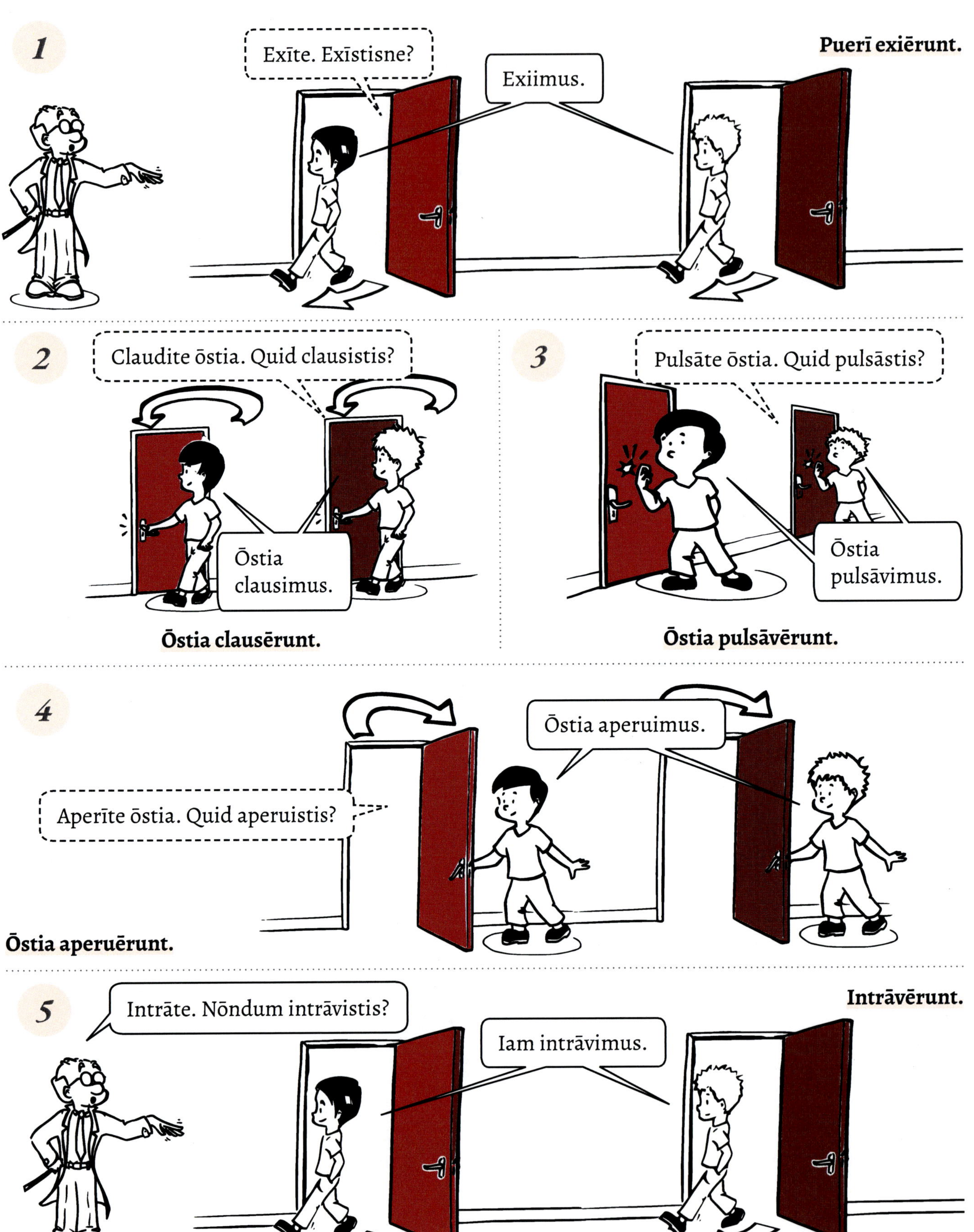

1
Exīte. Exīstisne?
Exiimus.
Puerī exiērunt.

2
Claudite ōstia. Quid clausistis?
Ōstia clausimus.
Ōstia clausērunt.

3
Pulsāte ōstia. Quid pulsāstis?
Ōstia pulsāvimus.
Ōstia pulsāvērunt.

4
Ōstia aperuimus.
Aperīte ōstia. Quid aperuistis?
Ōstia aperuērunt.

5
Intrāte. Nōndum intrāvistis?
Iam intrāvimus.
Intrāvērunt.

Iuxtā + *accūsātīvus*
Iuxtā arcam sum.

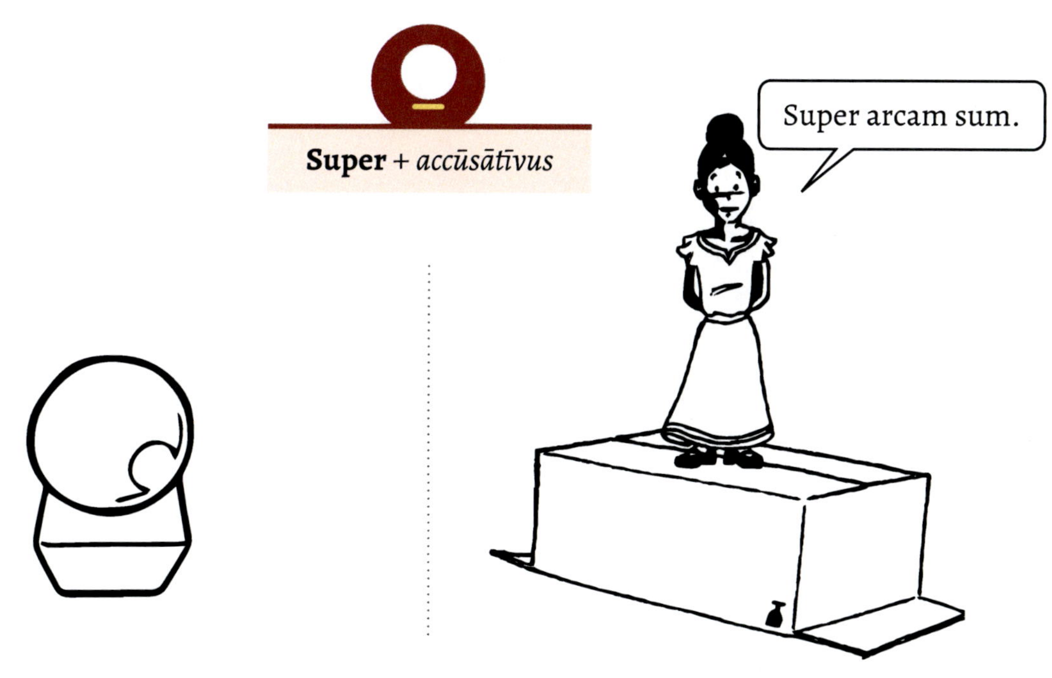

Super + *accūsātīvus*
Super arcam sum.

Post + accūsātīvus
Post arcam sum.
Inter + accūsātīvus
Inter arcās sum.
Prō + ablātīvus
Prō arcā sum.

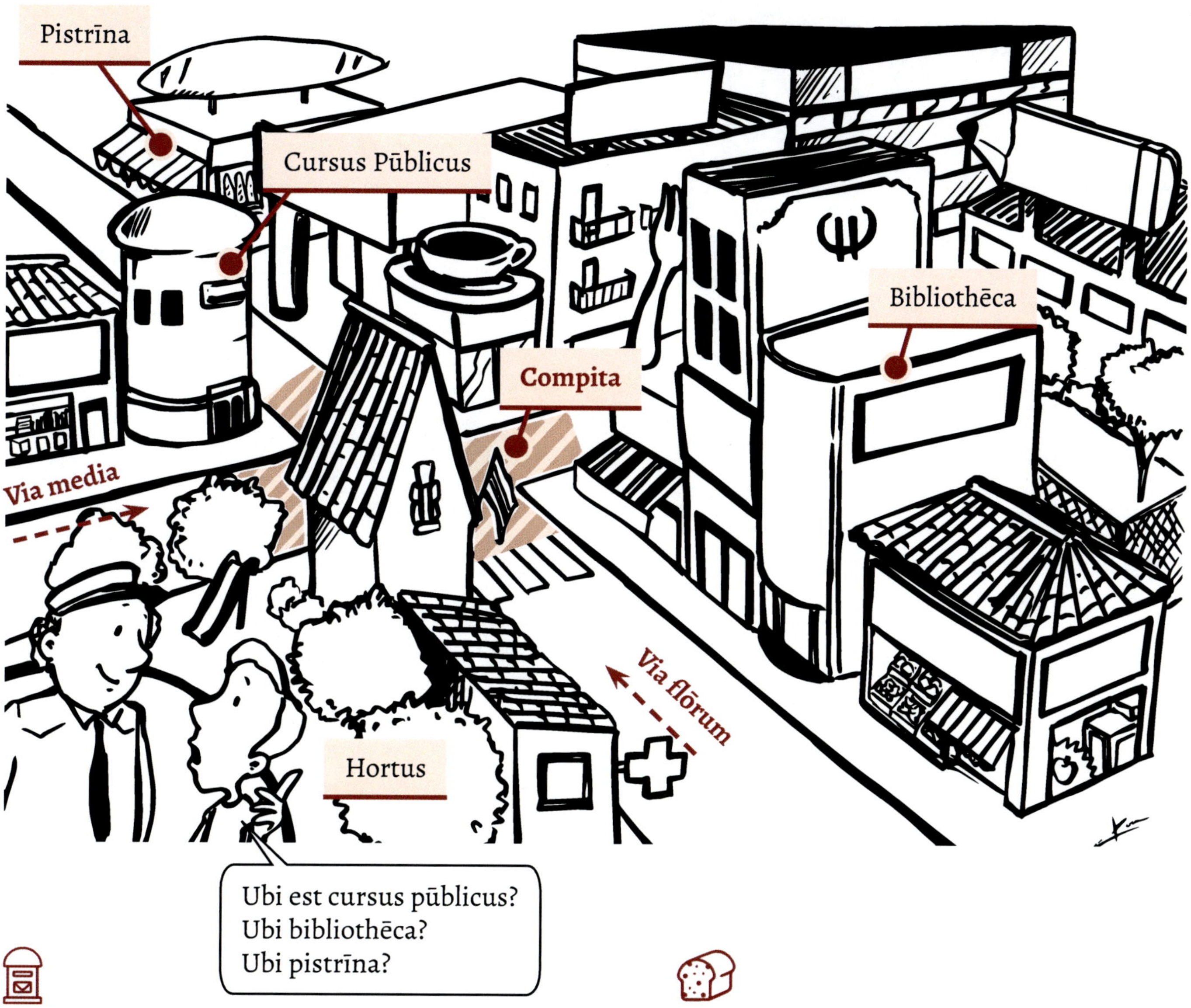

Ubi est cursus pūblicus?

Sī vīs īre ad cursum pūblicum, exī ex hortō et viam transī. Cursus pūblicus prō tē est.

Ubi est bibliothēca?

Sī vīs īre ad bibliothēcam, exī ex hortō et ambulā viā mediā usque ad compita. Illīc autem flecte ad dextram in viam flōrum. Bibliothēca vērō ante pharmacopōlium est.

Ubi est pistrīna?

Sī vīs īre ad pistrīnam, exī ex hortō et ambulā viā mediā usque ad compita. Illīc autem flecte ad laevam in viam flōrum. Pistrīna vērō post theātrum est.

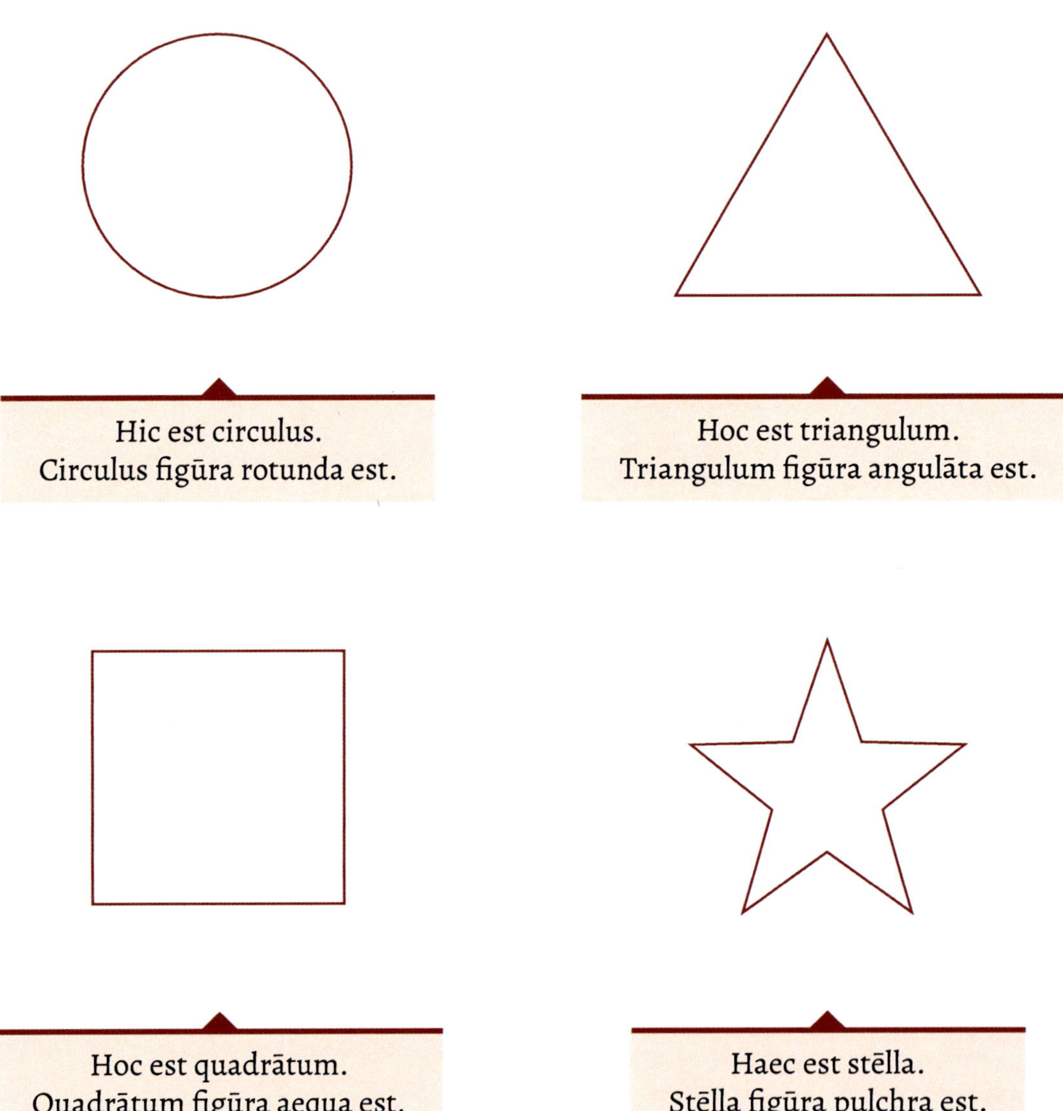

Hic est circulus.
Circulus figūra rotunda est.
Hoc est triangulum.
Triangulum figūra angulāta est.
Hoc est quadrātum.
Quadrātum figūra aequa est.
Haec est stēlla.
Stēlla figūra pulchra est.

Quālis est calamus?
Calamus magnus est.
Quālis est bulga?
Bulga parva est.
Quāle est illud dōnum?
Illud dōnum magnum est.
Quāle est istud dōnum?
Istud dōnum parvum est.

Estne haec mulier foeda?
Nōn est foeda sed pulchra.

Estne haec mulier pulchra?
Nōn est pulchra sed foeda.

Estne haec mulier iuvenis?
Nōn est iuvenis sed senex.

**Haec mulier nōnāgintā et quīnque
(95, XCV) annōs nāta est.**

Estne hic vir senex?
Nōn est senex sed iuvenis.

**Hic vir duodēvīgintī
(18, XVIII) annōs nātus est.**

E=MC²

Facilis via
Difficilis via
Doctus homō
Stultus homō

Prūdens discipula
Piger discipulus
Magnus vir
Parvus vir

Pulchra mulier
Foeda mulier
Bonus puer
Malus puer

Vir sapiēns
Vir insānus
Laetus puer
Trīstis puer

Cuius colōris est caelum?
Caelum caeruleum est.

Cuius colōris est stella?
Stella flāva est.

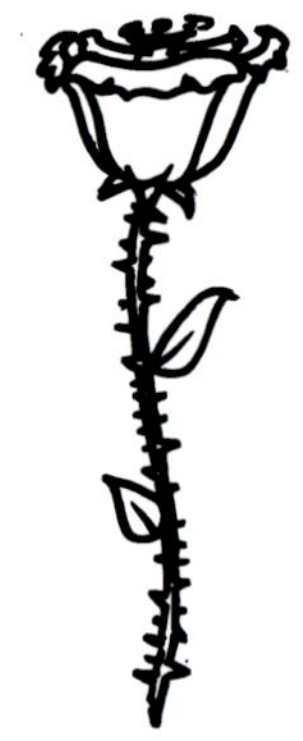

Cuius colōris est rosa?
Rosa alba est.

Cuius colōris est mālum?
Mālum rubrum est.

Cuius colōris est rāna?
Rāna viridis est.

Cuius colōris est equus?
Equus niger est.

Pōne vestem dormītōriam!
Indue brācās!
Indue camīsiam!
Aptā calceōs!
Indue amictum!
Brācae
Tunica
Vestis dormītōria
Camīsia
Calceī
Stola
Castula
Paenula
Amictus

H DĒ NUMERĪS AB ŪNDECIM (XI) USQUE AD TRĪGINTĀ (XXX)

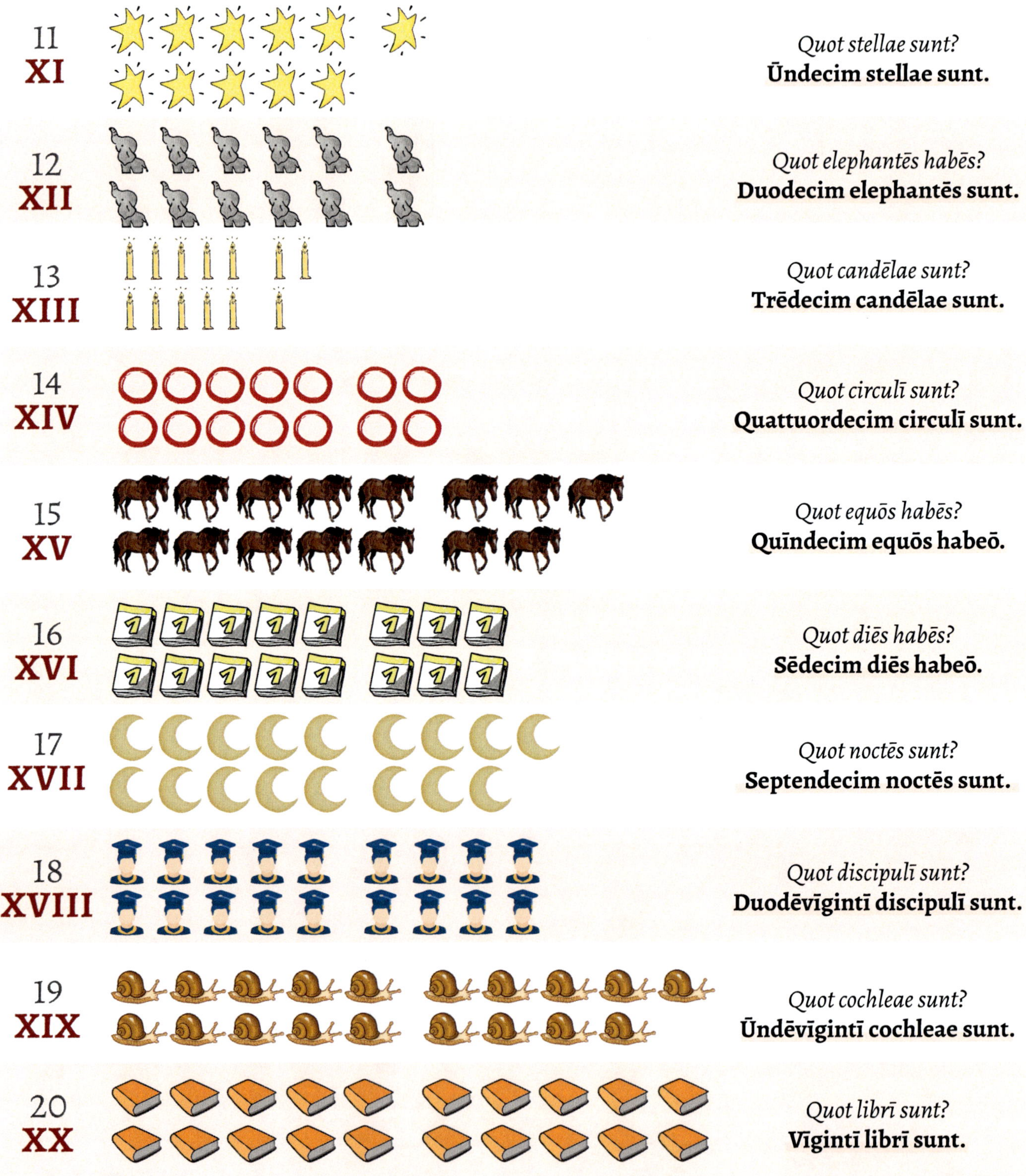

11 / XI

Quot stellae sunt?
Ūndecim stellae sunt.

12 / XII

Quot elephantēs habēs?
Duodecim elephantēs sunt.

13 / XIII

Quot candēlae sunt?
Trēdecim candēlae sunt.

14 / XIV

Quot circulī sunt?
Quattuordecim circulī sunt.

15 / XV

Quot equōs habēs?
Quīndecim equōs habeō.

16 / XVI

Quot diēs habēs?
Sēdecim diēs habeō.

17 / XVII

Quot noctēs sunt?
Septendecim noctēs sunt.

18 / XVIII

Quot discipulī sunt?
Duodēvīgintī discipulī sunt.

19 / XIX

Quot cochleae sunt?
Ūndēvīgintī cochleae sunt.

20 / XX

Quot librī sunt?
Vīgintī librī sunt.

21. **XXI** **Vīgintī unus**   22. **XXII** **Vīgintī duo**   23. **XXIII** **Vīgintī tria**   24. **XXIV** **Vīgintī quattuor**

25. **XXV** **Vīgintī quinque**   26. **XXVI** **Vīgintī sex**   27. **XXVII** **Vīgintī septem**   28. **XXVIII** **Duodētrīgintā**

29. **XXIX** **Ūndētrīgintā**   30. **XXX** **Trīgintā**

1
Māla, māla, māla vēndō, māla vēndō.
Quantī cōnstat hoc mālum?
2
Trium dēnāriōrum cōnstat.
Cārum est! Magnī cōnstat!
Nōn est cārum sed vīle!
3
Istud mālum emere nōlō.
X nōn emit mālum.
Y nōn vēndit mālum.
1
Crustula, crustula, crustula vēndō, crustula vēndō!
Quantī cōnstat hoc crustulum?
2
Duōrum dēnāriōrum cōnstat.
Pretium vīle est! Parvī cōnstat!
Vērē vīle est pretium.
3
Hoc crustulum emere volō, quod parvī pretiī est.
Y vēndit crustulum.
X emit crustulum.

INDICĀTĪVUS PRAETERITUS

	I	II	IIIa	IIIb	IV	
(Ego)	Ambulāvī	Dēlēvī	Lēgī	Cēpī	Vēnī	Īvī, iī
(Tū)	Ambulāvistī/ ambulasti	Dēlēvistī	Lēgistī	Cēpistī	Vēnistī	Īvistī, īstī
(Ille/ Illa)	Ambulāvit	Dēlēvit	Lēgit	Cēpit	Vēnit	Īvit, iit
(Nōs)	Ambulāvimus	Dēlēvimus	Lēgimus	Cēpimus	Vēnimus	Īvimus, iimus
(Vōs)	Ambulāvistis/ ambulastis	Dēlēvistis	Lēgistis	Cēpistis	Vēnistis	Īvistis, īstīs
(Illī/ Illae)	Ambulāvērunt	Dēlēvērunt	Lēgērunt	Cēpērunt	Vēnērunt	Īvērunt, iērunt

I	IIIa
Īrātus / īrāta / īrātum sum	Secūtus / secūta/ secūtum sum
Īrātus / īrāta / īrātum es	Secūtus / secūta/ secūtum es
Īrātus / īrāta / īrātum est	Secūtus / secūta/ secūtum est
Īrātī / īrātae / īrāta sumus	Secūtī / secūtae/ secūta sumus
Īrātī / īrātae / īrāta estis	Secūtī / secūtae/ secūta estis
Īrātī / īrātae / īrāta sunt	Secūtī / secūtae/ secūta sunt

I		II		IIIa		IIIb		IV	
Praes.	**Praet.**	**Praes.**	**Praet.**	**Praes.**	**Praet.**	**Praes.**	**Praet.**	**Praes.**	**Praet.**
Expectō	Ex-pectāvī	Videō	Vīdī	Surgō	Surrēxī	Faciō	Fēcī	Aperiō	Aperuī
Intrō	Intrāvī	Doceō	Docuī	Cōnsistō	Cōnstitī			Veniō	Vēnī
Pulsō	Pulsāvī			Cōnsīdō	Cōnsēdī			Saliō	Saluī
				Scrībō	Scrīpsī				
				Tangō	Tetigī				
				Plaudō	Plausī				
				Claudō	Clausī				

I		II		IIIa		IIIb		IV	
Praes.	**Praet.**	**Praes.**	**Praet.**	**Praes.**	**Praet.**	**Praes.**	**Praet.**	**Praes.**	**Praet.**
				Edō	Ēdī				
				Bibō	Bibī				
				Ascendō	Ascendī				
				Dēscendō	Dēscendī				

Exeō	Exiī	Revertor	Reversus sum
Abeō	Abiī	Vertor	Versus sum

QUŌMODO DĒ QUĀLITĀTE ET PRETIŌ INTERROGENT

Quālis est calamus? Magnus / parvus est.

Quālis est bulga? Magna / parva est.

Quāle est dōnum? Magnum / parvum est.

Quantī cōnstat hoc mālum? Trium dēnāriōrum cōnstat.

Dē commerciō et cōgitātiōnibus

INTERACTIONS & THOUGHTS

A DĒ OFFICIĪS ET OPPORTŪNITĀTE

OBLIGATION, CONVENIENCE

Oportet hunc discipulum pēnsīs operam dare in lūmine.

Nōn oportet pēnsa facere sine lūmine

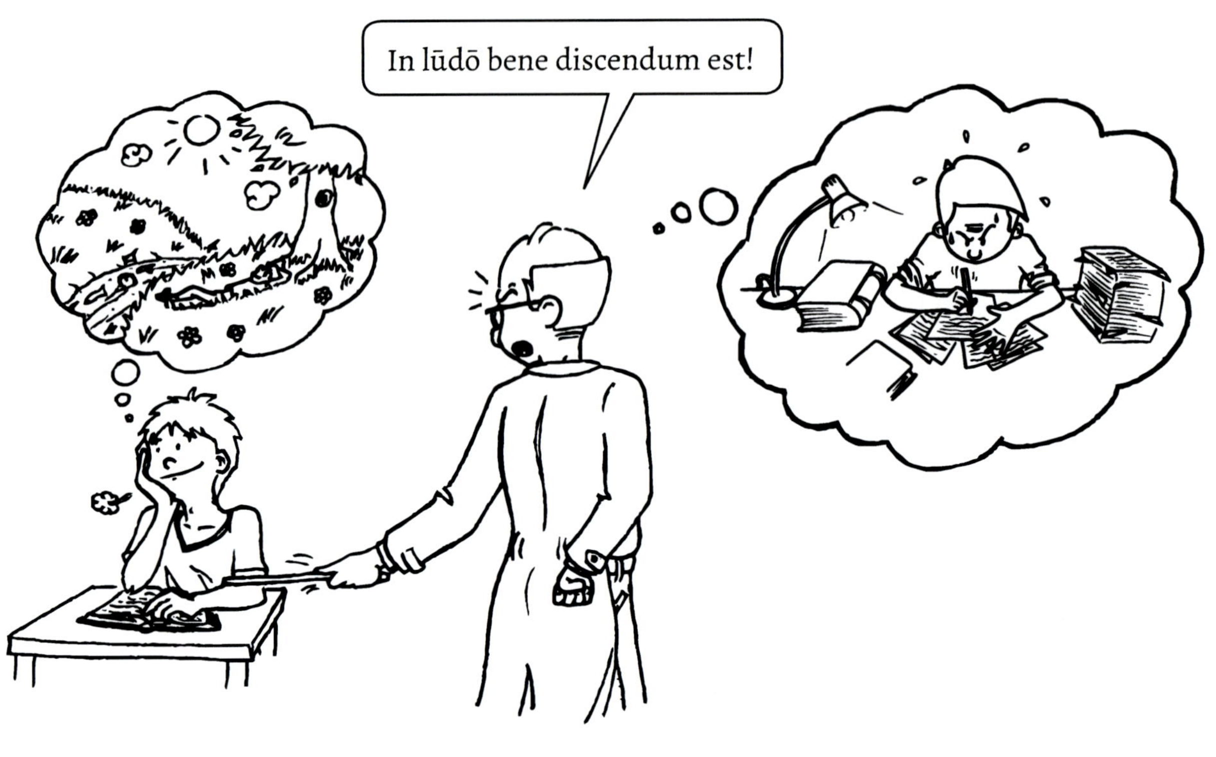
In lūdō bene discendum est!

In lūdō enim nōn dormiendum est!

Aquam bibere. 1
Currere cottīdiē. 2
Tē decet
Holera edere. 3
Noctū dormīre. 4

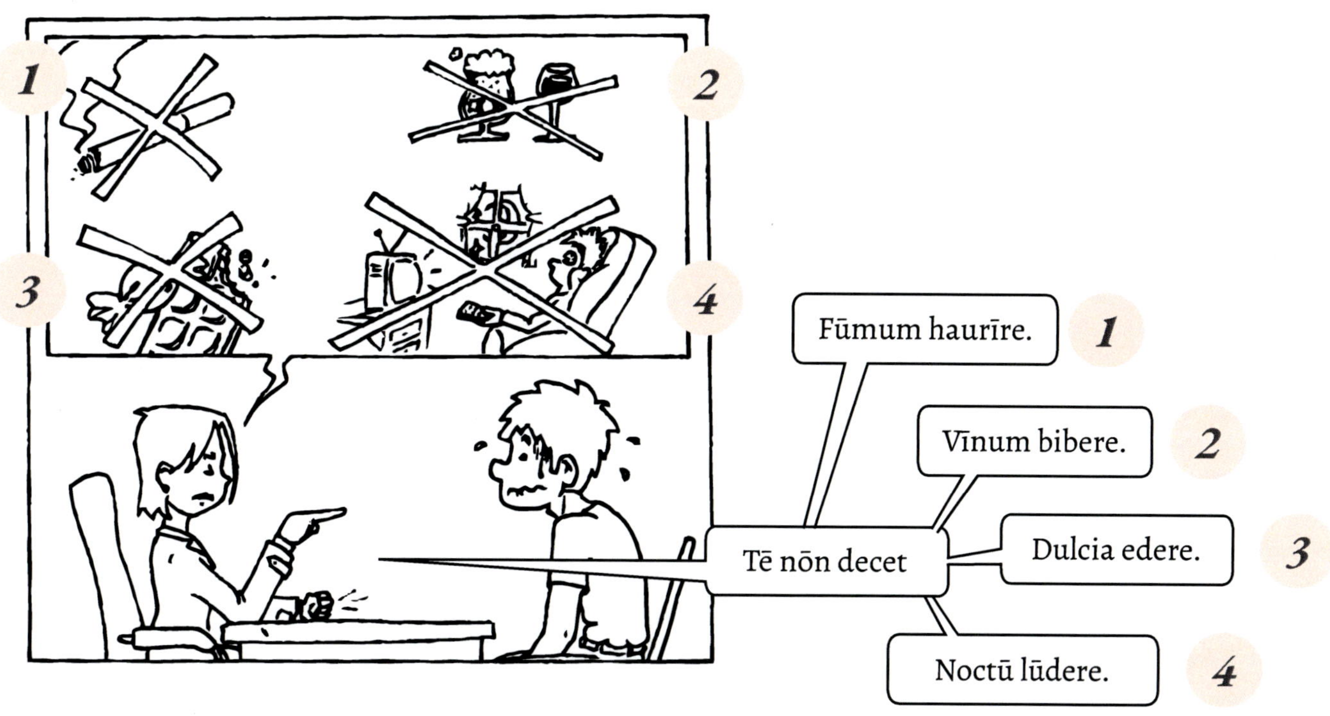

Fūmum haurīre. 1
Vīnum bibere. 2
Tē nōn decet
Dulcia edere. 3
Noctū lūdere. 4

Eī suādet ut mātūrē eat cubitum.

Eī suādet nē fūmum hauriat.

Eum vetat fūmum haurīre.

Tēne ipsam in speculō spectās, Rosa?
In speculō mē spectō.
Rosa in speculō sē spectat.
Pulcher sum, magnus sum, fortis sum.
Num tē ipsum laudās?
Ille equus sē ipsum laudat.
Certē, mē ipsum laudō.
Quid Nīcolāus facit?
Nīcolāus sē ipsum commendat.
Ego Nīcolāus sum. Vōbīs canere possum.

Cape librum tuum.
Illīus discipulī est liber.
Cuius est liber?

Illōrum discipulōrum.
Quōrum sunt librī?

Illārum discipulārum.
Quārum sunt librī?

Tunica Quīntī est. Quīntus tunicam suam videt.

Castula Decimae est. Decima castulam suam videt.

Amictus Quīntī est. Quīntus amictum suum videt.

Dormītōria Quīntī est. Quīntus dormītōriam suam videt.

Calceī puerōrum sunt. Puerī calceōs suōs vident.

Camīsiae puerōrum sunt. Puerī camīsiās suās vident.

Ego
Pater
Māter

Frāter
Soror
Avus
Avia

Pater
Māter
Amita
Patruus
Ego
Avunculus
Mātertera
Patruēlis
Patruēlis
Cōnsobrīnus
Cōnsobrīna

Avus
Avia
Frāter
Soror
Ego
Nepōs
Neptis

Bene valeās et quiēscās, nepōs
Bene valeās et quiēscās, ave.
Ōsculā avum et ī cubitum
Bene valeās et quiēscās, neptis
Bene valeās et quiēscās, avia.
Ōsculā aviam et ī cubitum
Bene valeās et quiēscās, fīlia
Bene valeās et quiēscās, tata.
Quid dīcis, mamma?
Ōsculā patrem et ī cubitum

Bene valeās et quiēscās, nepōs
Bene valeās et quiēscās, ave.
Ōsculā avum et ī cubitum

Bene valeās et quiēscās, soror.
Ōsculā sorōrem et ī cubitum.

Bene valeās et quiēscās, frāter.
Ōsculā frātrem et ī cubitum

Bene valeās et quiēscās, neptis.
Bene valeās et quiēscās, patrue.
Ōsculā patruum et ī cubitum.
Bene valeās et quiēscās, neptis.
Bene valeās et quiēscās, amita.
Ōsculā amitam et ī cubitum.
Bene valeās et quiēscās, nepōs.
Bene valeās et quiēscās, avuncule.
Ōsculā avunculum et ī cubitum.

Bene valeās et quiēscās, nepōs.
Bene valeās et quiēscās, mātertera.
Ōsculā māterteram et ī cubitum.
Bene valeās et quiēscās, patruēlis.
Ōsculā patruēlem et ī cubitum.
Bene valeās et quiēscās, patruēlis.
Ōsculā patruēlem et ī cubitum.

E DĒ QUĀLITĀTE ET STATŪ ET POSITIŌNE

Prūdēns vidētur.
At rē vēra nōn est prūdens.
I+I=II
Prūdēns vidētur at rē vērā stultus est.
III
I+I=?
1
Utrum bonus an malus esse volō.
2
Bonus esse volō.

Stephanus puerī perterritī capillōs horridōs videt

Hic est vir adflīctus.

Puella miserētur puerī adflīctī.

Haec est puella perterrita.

Philippus miserētur puellae perterritae.

Haec est puella adflīcta.

Hī puerī exterritī sunt.

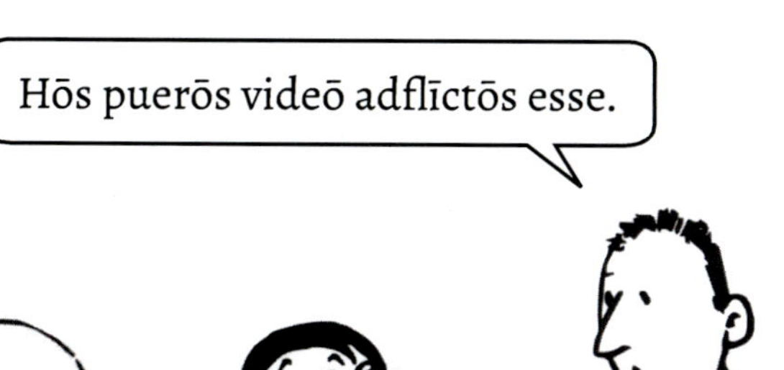

Hī sunt pueri adflīctī.

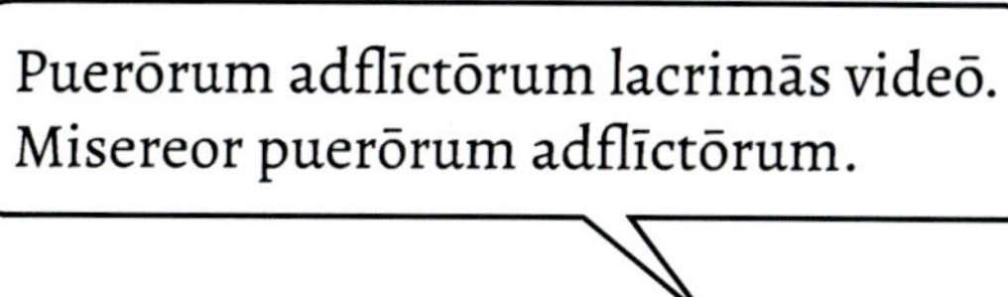

Stephanus ad laevam vertitur.

Ad laevam versus, Stephanus ambulat.

Vector ad laevam = Flecto Ad Laevam

Stephanus in sellam suam revertitur.

Ad sellam reversus, Stephanus cōnsīdit.

Stephanus puellam sequitur.

Puellam secūtus, Stephanus cōnsīdit.

Alexander Rosae oblīvīscitur.

Oblītus Rosae, Alexander aliam puellam amat.

Coqua placentam parat.

**Coqua placentam parātam
in furnō pōnit et coquit.**

Puer placentam coctam edit.

Stephanus cum patre mēnsam īnstruit.

Tiberia aululam in mēnsā īnstrūctā pōnit.

Tiberia juxtā aululam positam catīnōs adpōnit.

1

Puer scrībit.

2

Puer scrībēns obdormīvit. Calamus puerī scrībentis magnus est.

3

Magister puerum dormientem videt. Magister puerō dormientī īrāscitur.

1

Puer legēns ambulat. Liber puerī legentis studium movet.

2

Māter puerum legentem videt. Māter puerō legentī nōn īrāscitur.

1

2

Puer dormit.

1

Puerī scrībunt. Calamī puerōrum scrībentium magnī sunt.

2

Puerī scrībentēs obdormīvērunt.

3

Magister puerōs dormientēs videt. Magister puerīs dormientibus īrāscitur.

1

Puerī legentēs ambulant. Liber puerōrum legentium studium movet.

2

Mulier puerōs legentēs videt. Mulier puerīs legentibus nōn īrāscitur.

1

2

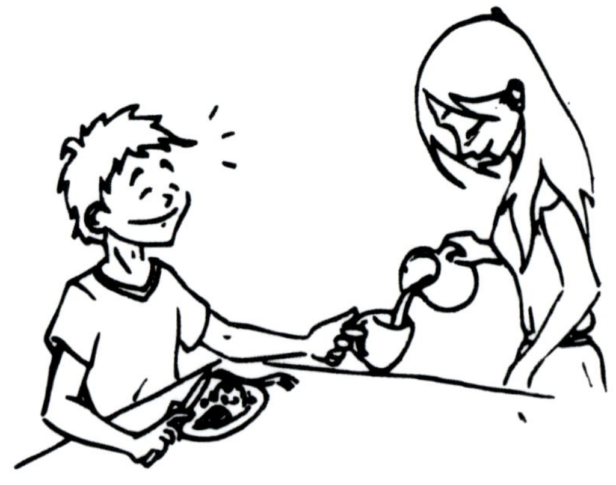

Puella in mēnsam lāc effūsūra est.

Puella lāc effundit et ērubēscit.

Nīcolāus bibitūrus est.

Nīcolāus ēbrius est.

Germānī cerevisiam bibitūrī sunt.

Germānī cerevisiam bibunt.

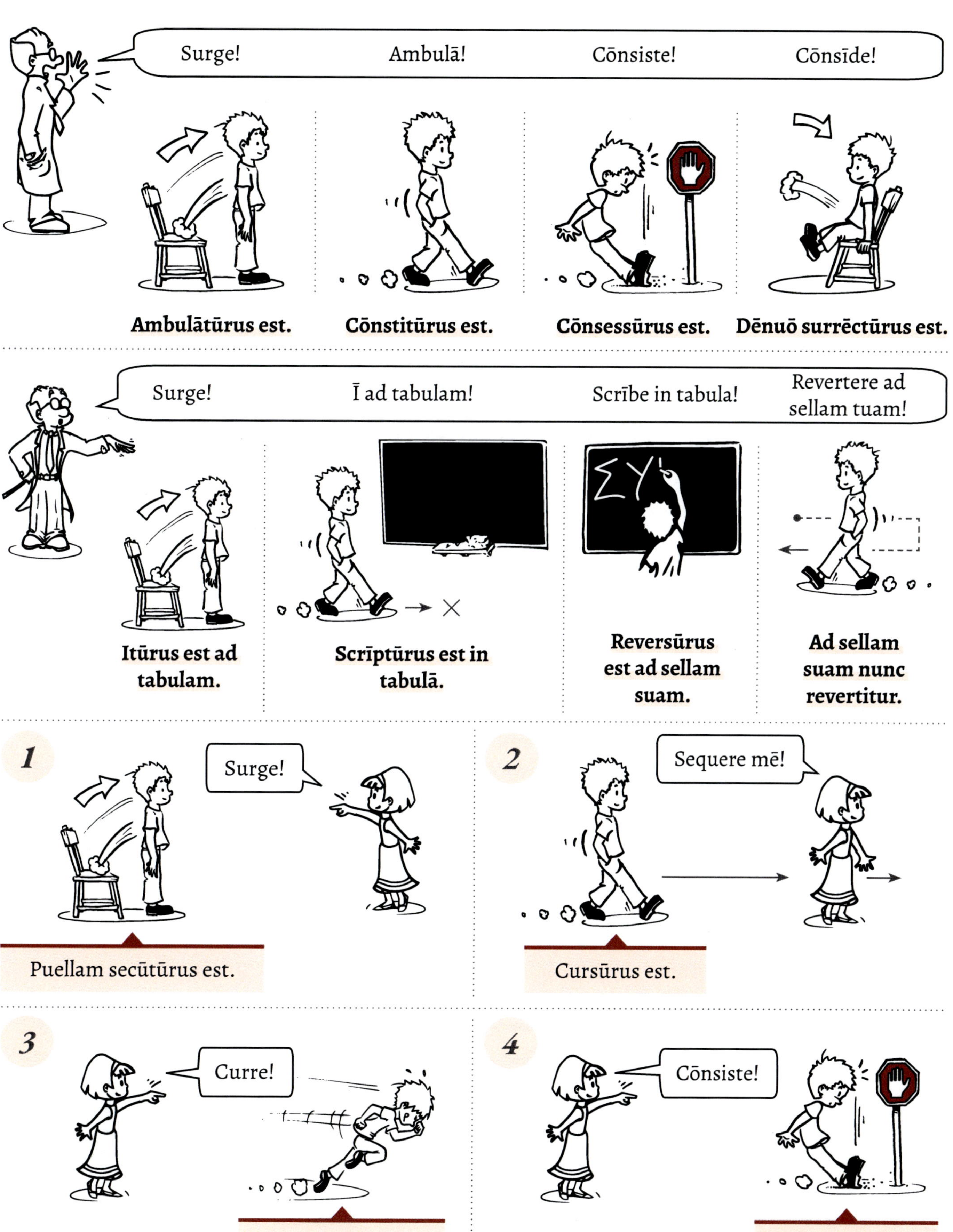

Surge!
Ambulā!
Cōnsiste!
Cōnsīde!
Ambulātūrus est.
Cōnstitūrus est.
Cōnsessūrus est.
Dēnuō surrēctūrus est.
Surge!
Ī ad tabulam!
Scrībe in tabula!
Revertere ad sellam tuam!
Itūrus est ad tabulam.
Scrīptūrus est in tabulā.
Reversūrus est ad sellam suam.
Ad sellam suam nunc revertitur.
1
Surge!
Puellam secūtūrus est.
2
Sequere mē!
Cursūrus est.
3
Curre!
Cōnstitūrus est.
4
Cōnsiste!
Iam cōnstitit.

1

Heus Nestor, Būcephalum dūc in stabulum!

2

Eum nōlī trahere sed dūc!
Nestor Būcephalum nōn dūcit sed eum trahit.

1

Bulgam fer, ego autem umbellam ferō.
UMBELLA
BULGA

2

Ad lūdum tē dūcō.
Quid facis, mamma?
Māter fīliam ad lūdum dūcit.

Iace nōbīs clāvēs!

Accipe eam!
Iace mihi pilam!

Stephanus bulgam portat.

Octāvia bulgam fert.

VENTUS

Ventus nāvem pellit.

PELLE

TRAHE

H

DOCĒRE VEL DISCERE VEL VELLE VEL DĪCERE VEL PETERE

VOLŌ ALIQUID VEL ALIQUEM ALIQUID FACERE
I want something / someone to do something

DĪCŌ ALIQUEM ALIQUID FACERE
I say that someone does something

QUAERŌ UTRUM … AN …, RESPONDEŌ ALIQUEM (ALIQUID) ALIQUID ESSE (FACERE)
I ask whether … or…, I answer that so and so

1

Discipulus numerum quaerit.

2

Discipulus ex magistrō numerum quaerit.

3

Discipulus quaerit utrum tria sint an quattuor.

4

Magister discipulō respondet numerum esse quattuor.

227

ROGŌ ALIQUEM ALIQUID... CŌNSENTIŌ ALIQUID FACERE

I beg something from someone / I accept to do something

1

Discipula magistrum
librum rogat.

2

Magister librum
discipulae dat.

1

Discipulus magistrum
librum rogat.

2

Magister nōn vult
librum eī dare

3

Magister librum
discipulō nōn dat.

1

Discipulus magistrum
librum rogat.

2

Magister librum eī
dare cōnsentit.

3

Magister librum
discipulō dat.

228

ALIQUID AB ALIQUŌ POSCŌ, ALIQUID FACERE CŌNSTITUŌ, ALIQUID ALICUI IMPERŌ, ALICUIUS MANDĀTA EFFICIŌ

To request something from someone, to decide to do something, to order someone to do something, to implement someone's order

Magister telephōnum ā discipulō poscit.
Discipulus telephōnum aegrē dat.

1

Discipula magistrum librum rogat.

2

Magister dēlīberat utrum det eī librum necne.

3

Magister cōnstituit librum eī dare.

Domina cēnam servō imperat.
Domina imperat cēnam ā servō parārī.

Servus dominae mandātā efficit.

"To ask someone how to do something", "to explain how to do something", "to teach", "to learn"

| Puer patrem rogat quōmodo hominēs mēnsam īnstruant | Pater vērō eī expōnit quōmodo hominēs mēnsam īnstruant |

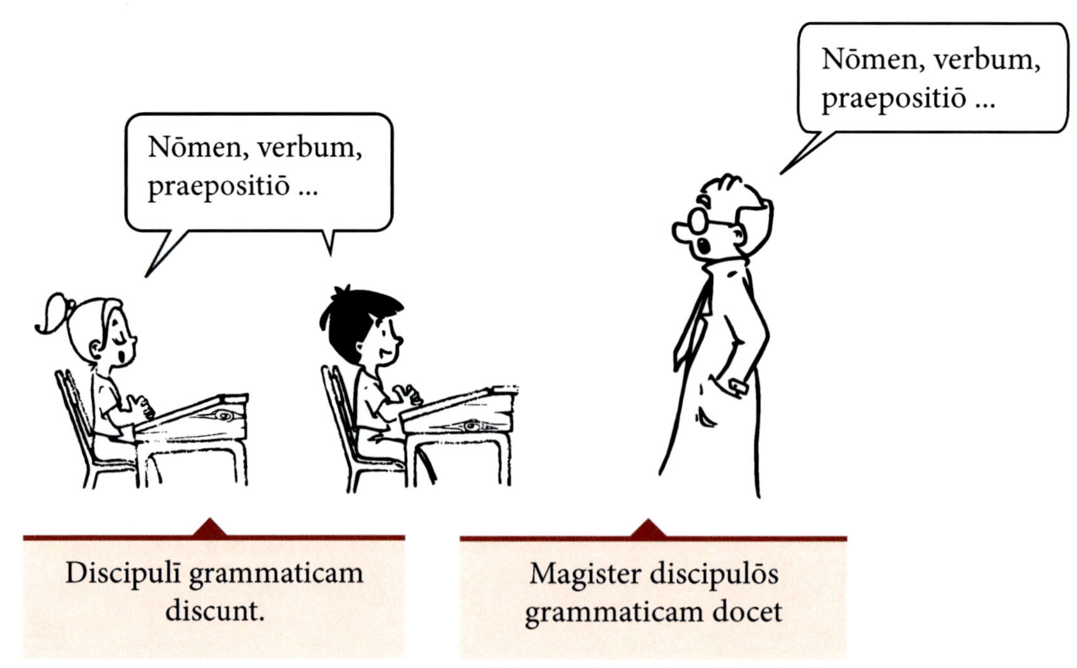

| Discipulī grammaticam discunt. | Magister discipulōs grammaticam docet |

DĪCŌ ALIQUEM ALIQUID FACTŪRUM ESSE

To say that X will do Y

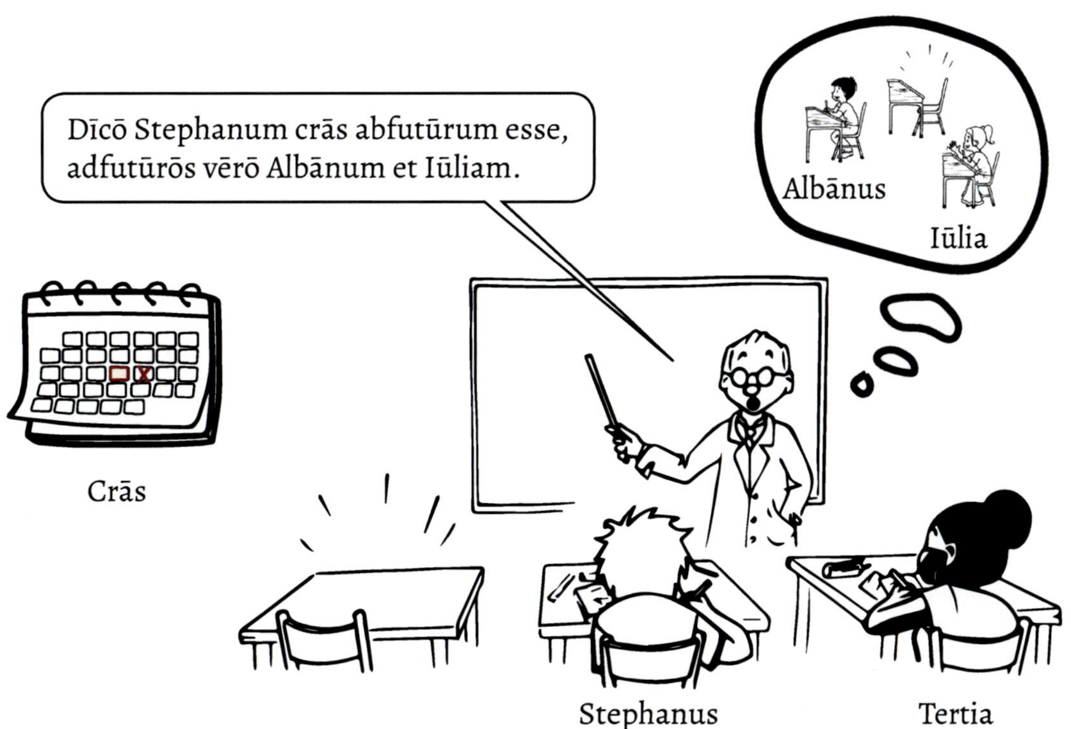

ADSUM > ADFUTŪRUS SUM
ABSUM > ABFUTŪRUS SUM

Fortasse amīcus meus domī est.
Quārē iānuam pulsat? Quid putat?
Putat amīcum suum domī esse.

Puer magistrum putat hōrologium redditūrum esse.
Certē magistrum putat hōrologium redditūrum esse.

Herī Sūsānna cum amīca locūta

Sūsānna id audīvit. At prīmum amīcae nōn crēdidit.

Hodiē Sūsānna dubitat.

Crās Sūsānna Aurēliō īrāscētur.

STOLA
Mihi pulchra vidētur.
Quālis stola mea tibi vidētur?

In hortō est, ut mihi quidem vidētur
/ Māter mihi vidētur in hortō esse.
Ubi est māter?
?

Litterīs operam dat, ut mihi quidem vidētur
/ Quīntus mihi vidētur litterīs operam dare.
Quid nunc facit Quīntus?

DE OFFICIIS ET OPPORTŪNITĀTE

Oportet eum pēnsa facere in lūmine	Nōn oportet pensa facere sine lūmine
Tē decet aquam bibere	Tē nōn decet fūmum haurīre
Suādet eī ut cubitum eat mātūrē	Vetat eum fūmum haurīre
Bene litterīs studendum est in scholā	Nōn quiēscendum est in scholā

PRŌNŌMINA REFLEXA

Mē ipsam in speculō cōnsīderō	Mē ipsum laudō
Tē ipsam in speculō cōnsīderās	Tē ipsum laudās
Sē in speculō cōnsīderat	Ille sē laudat
Bene litterīs studendum est in scholā	Non quiēscendum est in scholā

DĒ POSSESSIŌNE

Cuius est liber?	Discipulī / discipulae est liber
Quōrum est liber?	Discipulōrum est liber
Quārum est liber?	Discipulārum est liber
Bene litterīs studendum est in scholā	Non quiēscendum est in scholā

DĒ CŌNSTRŪCTIŌNE VERBĪ «VIDĒRĪ»

Aegrōtāre vidētur sed valet	Mihi stola pulchra vidētur
Ut mihi vidētur in hortō est	Dīves vidētur

DĒ CŌNSTRŪCTIŌNE VERBĪ «VELLE»

Num bonus esse volō an malus ?	Volō bonus esse
Vult domō exīre	Vult amīcum suum domō exīre
Vult bonus esse	Nōn vult fīlium tōtam noctem vigilāre

Masculīnus	Fēmīninus	Neuter
Hic est puer exterritus	Haec est puella exterrita	Hoc est animal exterritum
Vidēmus eum exterritum	Vidēmus eam exterritam	Vidēmus id exterritum
Videt capillōs puerī exterritī	Videt capillōs puellae exterritae	Vidēmus caput animālis exterritī
Compatitur puero exterrito	Compatitur puellae exterritae	Compatitur animālī exterrito
Prō puerō exterritō stat	Prō puellā exterritā stat	Prō animālī exterritō stat

Masculīnus	Fēmīninus	Neuter
Hī sunt puerī exterritī	Hae sunt puellae exterritae	Haec sunt animālia exterrita
Vidēmus eōs exterritōs	Vidēmus eās exterritās	Vidēmus ea exterrita
Videt capillōs puerōrum exter-ritōrum	Videt capillōs puellārum exter-ritārum	Vidēmus capita animālium ex-territōrum
Compatitur puerīs exterritīs	Compatitur puellīs exterritīs	Compatitur animālibus exter-ritīs
Prō puerīs exterritīs stat	Prō puellīs exterritīs stat	Prō animālibus exterritīs stat

	Praesēns	Participium praeteritum	Participium futūrum
I	Pulsō	Pulsātus	Pulsātūrus
II	Dēleō	Dēlētus	Dēlētūrus
IIIa	Legō	Lectus	Lectūrus
	Cōnsistō	—	Constitūrus
	Currō	Cursus	Cursūrus
	Scrībō	Scrīptus	Scrīptūrus
	Effundō	Effūsus	Effūsūrus
	Bibō	Bibitus	Bibitūrus
	Surgō	Surrēctus	Surrēctūrus
IIIb	Capiō	Captus	Captūrus
IV	Audiō	Audītus	Audītūrus
	Eō	—	Ītūrus

I	Īrāscor	Īrātus	Īrātūrus
	Inēbrior	Inēbriātus	Inēbriātūrus
IIIA	Vertor	Versus	Versūrus
	Sequor	Secūtus	Secūtūrus

DĒ PARTICIPIŌ PRAESENTĪ

Masculīnus et fēmininus	Neuter
Puer / puella scrībēns obdormīvit	Animal cōnsīdens obdormīvit
Magister puerum / puellam dormientem videt	Magister animal dormiēns videt
Calamus puerī / puellae scrībentis magnus est	Caput animālis dormientis magnum est
Magister puerō / puellae dormientī īrāscitur	Magister animālī dormientī īrāscitur
Prō puerō / puellā dormiente magister stat	Prō animālī dormientī magister stat

Masculīnus et fēmininus	Neuter
Puerī / puellae scrībentēs obdormivērunt	Animālia cōnsīdentia obdormivērunt
Magister puerōs / puellās dormientēs videt	Magister animālia dormientia videt
Calamī puerōrum / puellārum scrībentium magnī sunt	Capita animālium dormientium magna sunt
Magister puerīs / puellīs dormientibus īrāscitur	Magister animālibus dormientibus īrāscitur
Prō puerīs / puellīs dormientibus magister stat	Prō animālibus dormientibus magister stat

DĒ VERBĪS «PUTĀRE» ET «DĪCERE» ALIĪSQUE VERBĪS

Putat amīcum suum domī esse	Putat magistrum redditūrum esse hōrologium
Dīcit hodiē Albānum abesse	Dīcit crās Albānum āfutūrum esse
Quaerit utrum numerus sit trēs an quattuor	Respondet numerum esse quattuor
Discipula librum ā magistrō poscit	Magister cōnsentit librum eī dare
Puer rogat ā patre quōmodo appōnant mēnsam	Pater explānat eī quōmodo mēnsam appōnant
Magister docet discipulōs grammaticam	Discipulī grammaticam discunt

7 Dē dēsideriīs et cōgitātiōnibus ac dē potentiā et circumstantiīs

INNER WORLD, POTENTIALITY AND CIRCUMSTANCES

Albānus
tintinnābulum pulsat.

Albānus
tintinnābulum pulsat.

Albānus nōn abit sed
domum intrat.

ABEAT! / NĒ ABEAT!

Utinam omnia pūncta impetrem!
100
Utinam nē cadam
CADIT CLĀVIS
Utinam sub arbore dormiam!
Utinam litterīs studeās!

PRĪMUS → ← ULTIMUS

06:00 Hōra sexta.	**07:00** Hōra septima.
09:00 Hōra nōna.	**10:00** Hōra decima.
11:00 Hōra ūndecima.	**12:00** Merīdiēs.
13:00 Hōra prīma.	**14:00** Hora secunda.
15:00 Hōra tertia.	**16:00** Hora quarta.
17:00 Hōra quīnta.	

12:00 Merīdiēs.	**00:00** Media nox.
09:00 Nōna hōra diēī est.	**21:00** Nōna hōra est post merīdiem.

`06 30` Hōra sexta cum dīmidiā est.

`12 15` Hōra duodecima cum quadrante est.

`11 45` Hōra quīnta cum dōdrante est.

`07 20` Hōra septima cum triente est.

Mēnsis Iānuārius	Prīmus mēnsis	I
Mēnsis Februārius	Secundus mēnsis	II
Mēnsis Mārtius	Tertius mēnsis	III
Mēnsis Aprīlis	Quartus mēnsis	IV
Mēnsis Māius	Quīntus mēnsis	V
Mēnsis Iūnius	Sextus mēnsis	VI
Mēnsis Iūlius	Septimus mēnsis	VII
Mēnsis Augustus	Octāvus mēnsis	VIII
Mēnsis September	Nōnus mēnsis	IX
Mēnsis Octōber	Decimus mēnsis	X
Mēnsis November	Ūndecimus mēnsis	XI
Mēnsis December	Duodecimus mēnsis	XII

Hodiē quī diēs mēnsis est ?
Ante diem sextum Kalendās Decembrēs (a. d. VI Kal. Dec.) = 26/11
Ante diem quartum Kalendās Februāriās (a.d. IV Kal. Feb.) = 29/1
Kalendīs Aprīlibus = 01/4

Hodiē quī diēs mēnsis est?
Nōnīs Septembribus = 5/9
Īdibus Māiīs = 15/5
Prīdiē Īdūs Martiās = 14/3

Hodiē quī diēs mēnsis est?
Ante diem tertium nōnās Iūniās (a. d. III Non. Iun.) = 3/6
Ante diem quīntum Īdūs Augustās (a.d. V Id. Aug.) = 9/8

CUM + INDICĀTĪVUS PRAESENS

When + present continuous

Cottīdiē, cum Alexander pulchrās puellās vidit, eās sequitur

Cottīdie, cum magister clāmat, discipulī rēmigant.

UT/UBI + PERFECTUM INDICĀTĪVĪ

When + past tense

Herī, ubi/ut Nīcolāum vīdit, Veronīca eius amōre capta est.

QUAMDIŪ RĒGNĀVIT CAROLUS MAGNUS?

Carolus Magnus quattuordecim annōs regnāvit (800 – 814)

QUAMDŪDUM RĒGNAT BŪCEPHALUS?

Quartum jam annum rēgnat

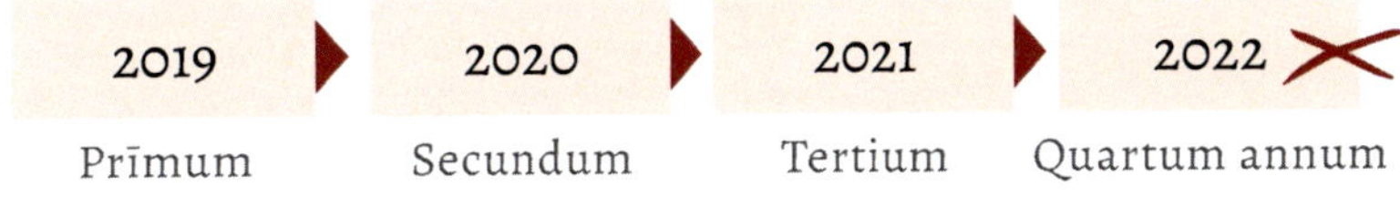

Ā QUŌ TEMPORE MORTUUS EST ALOISIUS PRESLEY?

Abhinc quadrāgintā et quīnque annōs (45)
mortuus est Aloisius Presley (1977- 2022)

D QUŌMODO CAUSA EXPRIMĀTUR

«IGITUR»

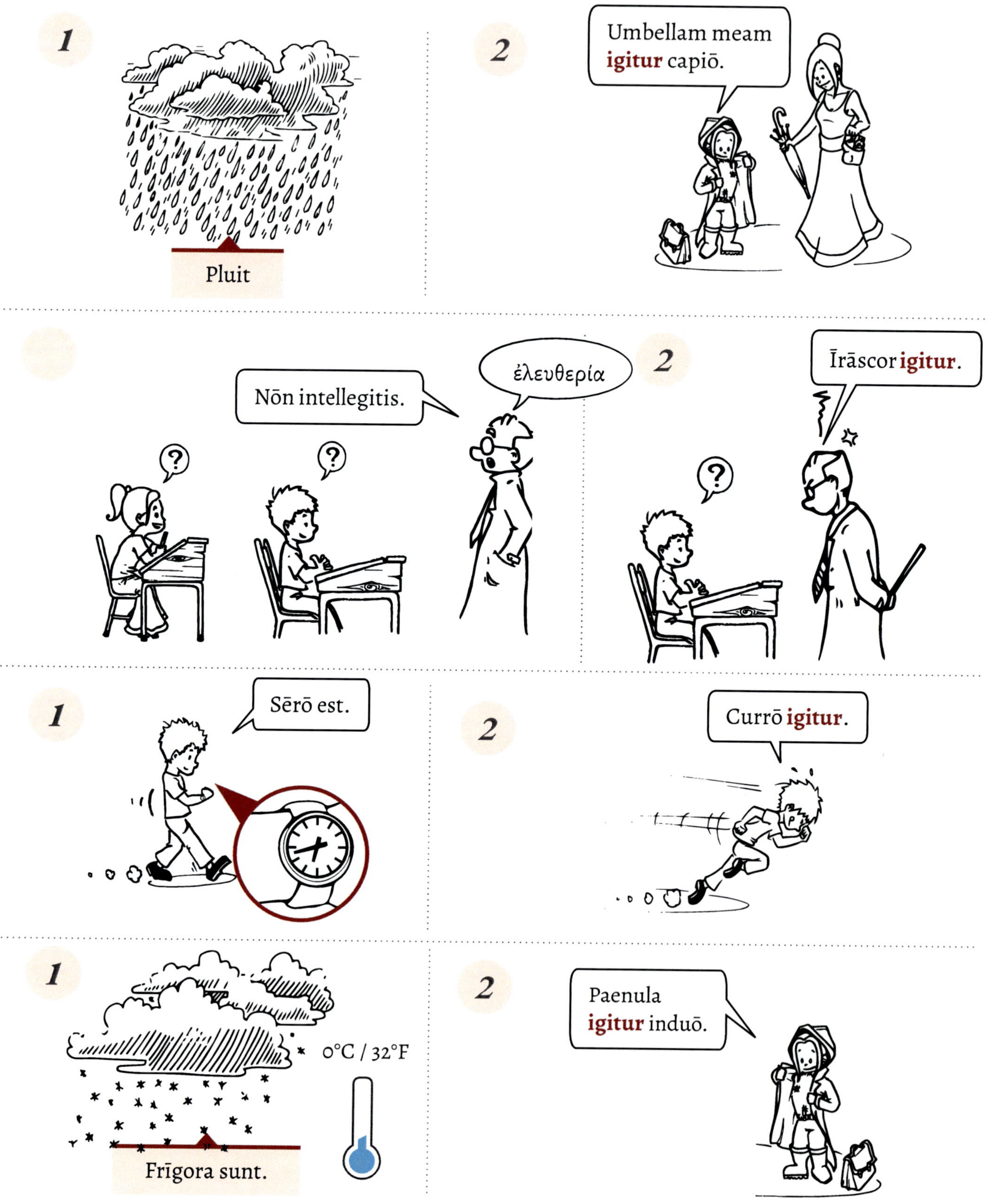

«ENIM»

Umbellam meam capiō.
Pluit enim
ἐλευθερία
?
Īrāscor.
Non enim intellegitis.
?
?
Currō.
Sērō enim est.
Paenula induō.
0°C / 32°F
Frīgora sunt.

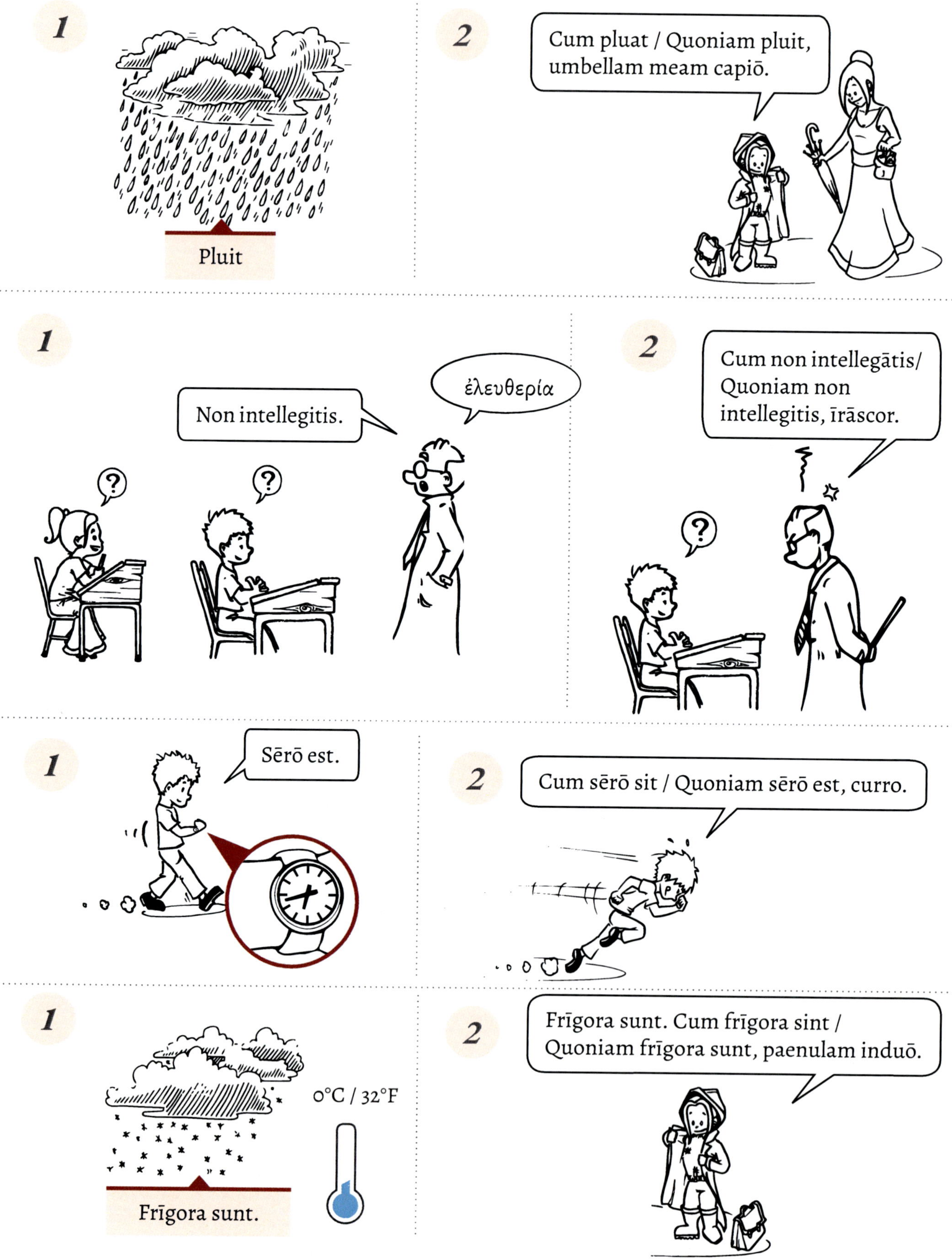

1
Pluit
2
Cum pluat / Quoniam pluit, umbellam meam capiō.
1
Non intellegitis.
ἐλευθερία
2
Cum non intellegātis/ Quoniam non intellegitis, īrāscor.
1
Sērō est.
2
Cum sērō sit / Quoniam sērō est, currō.
1
0°C / 32°F
Frīgora sunt.
2
Frīgora sunt. Cum frīgora sint / Quoniam frīgora sunt, paenulam induō.

E MISERĒRĪ / SĒ MISERĒRE ALICUIUS, GLŌRIĀRĪ, ALICUI INVIDĒRE, SĒ PAENITĒRE ALICUIUS REĪ, SĒ PUDĒRE

Philippus cum psittacō ad tabernam it.

SILEŌ = NŌN LOQUOR

Nīcolāus vīnum bibit et caupōnem verberat.
In carcere est.
Mē miseret / Misereor eius.
Eum vīsitō.
Diū litterīs operam dō.
In probātiōne omnia pūncta impetrāvī.
Glōrior.
Subrīdeō.
Adulēscentem amō.
Is vērō aliam puellam amat.
Illī puellae invideō.
Maesta sum.

1
Magister iubet mē venīre. Magister mihi dīcit ut veniam.
2
Quid faciam? Nōlō surgere.
3
Nesciō quid agam / faciam
1
Heus magister, nōn possum hīc bene discere!
2
Heus magister, ā Nīcānore quaere cūr rīdeat.
3
Heus magister, ā Philippō quaere cūr dormiat.
Ego, domine!
Quis vult legere?
Magister quaerit quis legat.
Nōn dubitō quīn Nīcolāum amet

G DĒ ĪNSTRŪMENTŌ

Quōmodo haec puella discit?
Legendō discit.
Quōmodo hī puerī cantōrem laudant?
Plaudendō eum laudant.
Quōmodo Stephanus semper bene valet?
Corpus exercitandō (1), mātūrē cubitum eundō (2), legūmina edendō (3), aquam bibendō (4)

Ē lūdō exeō
Laetitiā exsultō
Magnō gaudiō canō.
Hodiē lūdī novissima diēs est.
In probātiōne fraudō.
In fraude convincor et magister mē inclāmat.
Ērubēscō.
Sileō neque moveō.
Sileō = Nōn loquor
Nōn moveō = Nōn surgō nec cōnsīdō nec currō nec tollō humerum vel pedem vel
Amōre puellae capior.
Cum eā colloquī volō.
Timidus fīō.
Nihil faciō.

Diū litterīs operam dō.
Hoc bene mihi succēdit. Omnia enim pūncta impetrō.
Gaudeō quod bene mihi hoc succēdit.
Rīdeō
HA HAE!
Fīnem lūdī exspectō. 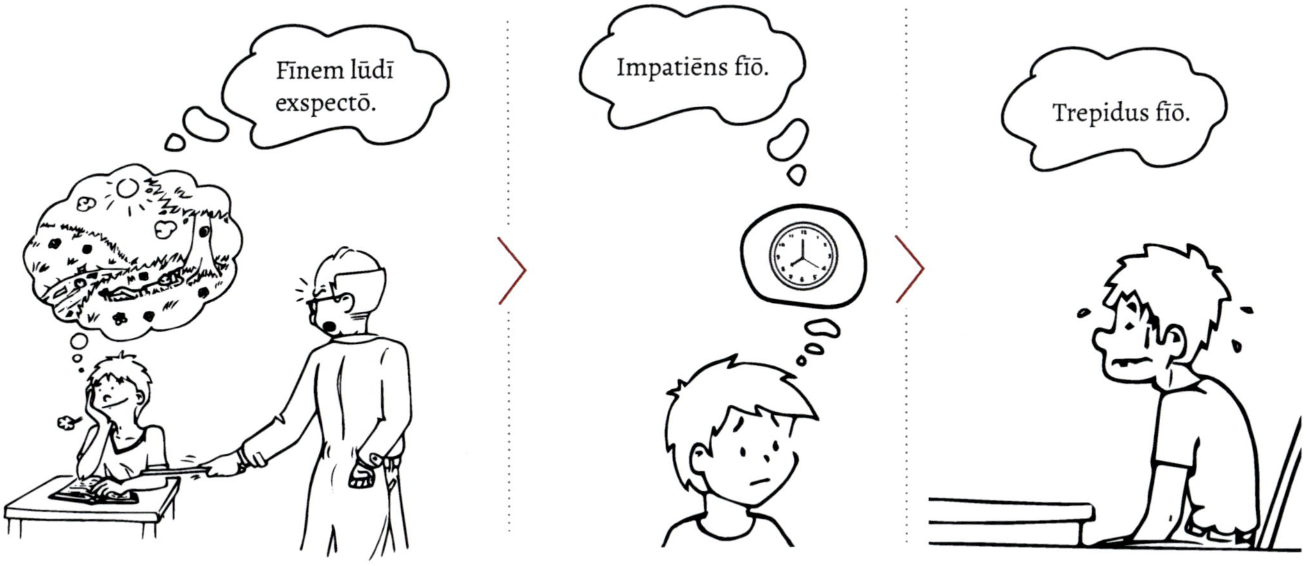
Impatiēns fīō.
Trepidus fīō.
Litterīs multam operam dō. 
Probātiōnem subeō.
100
Mē mūlta pūncta impetrātūram esse spērō.
Nōn timeō.

VOCĀBULĀRIUM

Ancora,
imāgō speī.

1

2

1

2

Rosa dormit

1

Veniunt clārissimum cantōrem audītum

2

Cantōrem audiunt.

1

Māter et fīlia et fīlius veniunt in pistrīnam ut pānēs emant

= Māter et fīlia et fīlius veniunt in pistrīnam quī pānēs emant
Māter et fīlia et fīlius veniunt in pistrīnam ad pānēs emendōs

2

Pānes ēmunt

1

Alexander puellās sequitur ut eās ad amōrem suī moveat/ ad eās movendās ad amōrem suī.

2

Alexander puellās ad amōrem suī movet.

Stephanus in arēnīs ambulat.

Stephanus sitit.

Stephanus bibit nē moriātur

Sī diū litterīs operam dās, omnia pūncta impetrās.

Sī omne pūnctum tollis, gaudēs et rīdēs.

Sī autem bibit, nōn moritur.

Sī quis in arēnīs diū ambulat, sitit.

Sī quis diū ambulat neque cōnsistit, fessus fit.

DE DĒSIDERIĪS ET VŌTĪS

	Verbum	Conjūnctīvus praesēns		
I	Pulsō	Utinam (nē) pulsem!	Pulset! / Nē pulset!	Pulsemus!
II	Dēleō	Utinam (nē) dēleam!	Dēleat! / Nē dēleat!	Deleamus!
IIIa	Legō	Utinam (nē) legam!	Legat! / Nē legat!	Legamus!
IIIb	Capiō	Utinam (nē) capiam!	Capiat! / Nē capiat!	Capiamus!
IV	Audiō	Utinam (nē) audiam!	Audiat! / Nē audiat!	Audiamus!
	Eō	Utinam (nē) eam!	Eat! / Nē eat!	Eamus!
I	Īrāscor	Utinam (nē) īrāscer!	Īrāscētur! / Nē irāscētur!	Īrāscēmur!

NUMERĪ ŌRDINĀLĒS

1	Prīmus, prīma, prīmum	7	Septimus, septima, septimum
2	Secundus, secunda, secundum	8	Octāvus, octāva, octāvum
3	Tertius, tertia, tertium	9	Nōnus, nōna, nōnum
4	Quartus, quarta, quartum	10	Decimus, decima, decimum
5	Quīntus, quīnta, quīntum	11	Ūndecimus, ūndecima, ūndecimum
6	Sextus, sexta, sextum	12	Duodecimus, duodecima, duodecimum

QUOTA HŌRA EST?

Hōra prīma, secunda, tertia...., ūndecima est.
Merīdiēs / Media nox est.
Hōra sexta cum dīmidiā est.

PRŌPOSITIŌNĒS TEMPORIS

	Prōpositiō subōrdināta	Prōpositiō principālis	Tempus
Cottīdiē	Cum Alexander puellās vidit,	eās sequitur	Praesēns indicātīvī
Herī	Ubi Veronīca Nīcolāum vīdit,	in amōrem eius incidit	Praeteritum indicātīvī
	Ut Veronīca Nīcolāum vīdit,	in amōrem eius incidit	Praeteritum indicātīvī

Interrogātiō	Respōnsum
Quamdiū rēgnāvit?	Quattuordecim (14) annōs rēgnāvit
Quamdūdum rēgnat?	Quartum iam annum rēgnat
Ā quō tempore mortuus est ?	Abhinc quadrāgintā et quīnque (45) annōs mortuus est

DĒ CAUSĀ ET EFFECTŪ

	Causa	Effectus
Tempora indicātīvī	Pluit	Capiō igitur umbellam
Cum + conjūnctīvus / Indicātīvus	Cum pluat	Capiō umbellam
	Effectus	**Causa**
Tempora indicātīvī	Capiō umbellam	Pluit enim

DĒ PRŌPOSITIŌNIBUS COMPLĒMENTĪ CAUSĀ ŪSĪS

Prōpositiō principālis	Prōpositiō subōrdināta	Modus subōrdinātae
Magister iubet	Mē venīre	Accūsātīvus cum īnfīnītīvō
Magister dīcit mihi	Ut veniam	Conjūnctīvus
Nesciō	Quid faciam	
Quaerit ā Nīcānore	Cūr rīdeat	
Magister quaerit	Quis legat	
Nōn dubitō	Quīn amet	
Timent ovēs	Nē lupus veniat	
Optant ovēs	Ut canis veniat	
Optant ovēs	Ut lupus nōn veniat	

ABLĀTĪVUS ĪNSTRŪMENTĪ

Quōmodo olfacis ?	Nāsō meō olfaciō
Quōmodo discit ?	Pulsandō, dēlēndō, legendō, capiendō, audiendō, eundō, īrāscendo, vertendō discit

DE PRŌPOSITŌ

Actiō	Prōpositum	Syntaxis
Māter et fīlius veniunt	Ut panēs emant	Ut + conjūnctīvus
Bibit	Nē moriātur	Nē + conjūnctīvus
Māter et fīlius veniunt	Ad pānēs emendōs	Ad + adjectīvum verbāle
Māter et fīlius veniunt	Quī pānēs emant	Prōpositiō relātīva cum conjūnctīvō
Māter et fīlius veniunt	Pānēs emptum	Supīnum

SUPĪNUM

I	Eō pulsātum
II	Eō dēlētum
IIIa	Eō lēctum, scrīptum, ēmptum, lūsum...
IIIb	Eō captum
IV	Eō audītum
	Surgō abitum
I	Surgō īrātum
IIIa	Eō versum

DĒ CONJECTŪRĀ IN ŪNIVERSUM

Sī bibit, nōn moritur

G

mōnstrō mōnstrās mōnstrāre
mōnstrāvī mōnstrātum 31,
51, 52, 53, 54, 55, 56, 57, 73,
137, 138, 142, 143, 156
morior moreris morī mortuus sum
mortuum 247, 260, 261, 263,
264
mōtiō -ōnis f 9
mōtus -ūs m 41, 224
moveō movēs movēre mōvī mōtum
220, 221, 256, 260
mulier -ris f 42, 57, 65, 72, 135, 137,
138, 140, 142, 156, 158, 181,
183, 190, 191
multiplex -icis 224, 246
multus, -a, um 31, 70, 71, 154
mundus -ī m 75
mūnus -eris n 110

N

nāscor nāsceris nāscī nātus sum
nātum 190
nāsus -ī m 62, 72, 146, 254, 264
natātiō -ōnis f 165, 166, 167
natō natās natāre natāvī natātum
165, 167
nāvis -is f 225
nē 202, 240, 241, 258, 260, 262
necne 229
negātīvus -a -um 28
nēmō nēminis m 120
nepōs -ōtis m 209
neptis -is 209
nēquāquam 77, 78, 113, 124
neque 8, 39
nesciō nescīs nescīre nescīvī nescī-
tum 253, 263
Nestor -oris m 18, 23, 38, 39, 113,
224
neuter -tra -trum 114, 156, 157, 158,
159, 236, 237
Nīcānōr -oris m 253, 263
Nīcolāus -ī m 140, 165, 203, 222,
246, 252, 253, 263
niger -gra -grum 192
nihil 122
noctū 2, 201
nōlō nōn vīs nōluī nōlle 67, 86, 114,
127, 153, 157, 253
nōmen -inis n 1, 230, 242
nōminātīvus -a -um 116, 158, 159
nōn 3, 37, 70, 73, 76, 78, 106, 107,
113, 121, 122, 124, 140, 154,
157, 160, 161, 195, 200, 201,
215, 220, 221, 224, 228, 233,

235, 240, 253, 258, 261, 263,
264
nōnāgintā 190
nōndum 133, 136, 174, 181, 184
nōnne 78, 113
nōnnūllī -ae -a 121, 122, 158
nōnus -a -um 242, 243, 244, 245,
262
nōs nōbis 22, 23, 150, 153, 157, 159,
196
noster -tra -trum 148, 152, 206
novem 80, 113
November -bris m 244
novissimus -a -um 256
Novum Eborācum, Novī Eborācī
n 19
novus -a -um 19
nox noctis f 165, 168, 226, 235
nūdius adv 167
nūllus -a -um 158, 162
num 78, 113, 203, 233, 235
numerus -ī m 58, 80, 113, 227, 237
numquam 165
nunc 169

O

obdormiō obdormīs obdormīre
obdormīvī obdormītum
220, 221, 237
obiectum -ī n 137, 150
oblīvīscor oblīvīsceris oblīvīscī
oblītus sum oblītum 218
occidō occidis occidere occidī
occāsum 168
Ōceania -ae f 20
Octāvia -ae f 225
octāvus -a -um 169, 242, 244, 262
octō 80, 113
Octōber -bris m 244
oculus -ī m 50, 63, 72, 146, 254
offendō offendis offendere offendī
offēnsum 251
officium -ī n 199, 235
olfaciō olfacis olfacere olfēcī olfac-
tum 254, 264
omnīnō 154
omnis -e 120, 121, 122, 158, 162,
241, 252, 257, 261
opera -ae f 110, 112, 154, 162, 165,
199, 234, 252, 257, 261
oportet oportēre oportuit 199, 235
opportūnitās -ātis f 199, 235
optimē 3
optō optās optāre optāvī optātum
258, 263

orior oreris orīrī ortus sum ortum
168
oriundus -a -um 26, 27, 112
ōs ōris n 50, 63, 64, 72, 105, 145, 149
ōstium -ī n 48, 49, 72, 101, 102,
106, 131, 136, 175, 176, 177,
178, 184
ōtiōsus -a -um 166
ovīnus -a -um 66
ovis -is f 258, 263
ōvum -i n 66

P

paeniteō paenitēs paenitēre paeni-
tuī 251
paenula -ae f 107, 193, 248, 249,
250
pallium -ī n 107
pānis -is m 66, 260, 264
parō parās parāre parāvī parātum
155, 219, 229
pars partis f 41, 172
participium -ī n 236, 237
parvus -a -um 45, 56, 189, 195, 197
pater -tris m 207, 208, 210, 219,
230, 237
patrōnus -ī m 110
patruēlis -is m 208, 213
patruus -ī m 208, 212
pauper -eris m 214
pavēscō pavēscis pavēscere 114
pavor -ōris m 84
pectus -oris n 63
pellō pellis pellere pepulī pulsum
225
pēnsum -ī n 165, 166, 199, 235
perfectus -a -um 246
pergō pergis pergere perrēxī per-
rēctum 109, 116
perīculum -ī n 160
persōna -ae f 18, 159
perterreō perterrēs perterrēre per-
terruī perterritum 216
Perūvia 19
perveniō pervenīs pervenīre per-
vēnī perventum 93, 115, 165
pēs pedis m 63, 99, 120, 133
pessimē 3
petō petis petere petīvī petītum
226
pharmacopōlium -ī n 98, 116
Philippus -ī m 4, 8, 17, 38, 39, 113,
115, 159, 165, 166, 167, 214,
216, 251
piger -gra -grum 162, 191

Made in the USA
Middletown, DE
07 August 2024